相続税調査であわてない

不動産評価の税務

税理士
安部和彦
Kazuhiko Ambe
［著］

中央経済社

はしがき

　平成25年度の税制改正により，平成27年1月1日以降に発生する相続については相続税の基礎控除が引き下げられたため，相続税の課税割合が大幅に上昇することとなった。それに伴い，新たに相続税の納税義務者となる見込みの富裕層をターゲットにした相続税対策の本が多数出版されるとともに，相続税対策の観点からみた資産活用のセミナーが活発に開催されているところである。

　改正後の相続税法に基づく申告書が税務署に提出されるのは，平成27年の秋以降となるものと考えられるが，これまで相続税が課されなかったレベルの比較的低額の財産しか取得しなかった相続人も相続税の申告を余儀なくされ，件数の大幅な増加が予想されるところである。これは税理士にとってはビジネスチャンスととらえることも可能であるが，一方で，これまで相続税の申告にほとんど携わっていない不慣れな税理士が，一種独特の「熟練工」の世界である相続税実務を行うこととなるということを意味するため，税務調査でのトラブルの発生も想定されるところである。

　周知のとおり，相続税は他の税目との比較で実調率（申告件数のうち税務調査を受ける割合）の高いことが統計上明らかであり，申告数の増加は調査件数の増加につながると考えられる。そのため，今後は相続税の事前対策から実地調査対策へと興味・関心が移っていくことが予想されるところである。相続税の実地調査対象の選定は，基本的に課税財産額や財産内容が基準になるものと考えられるが，申告内容の不備や誤りは当然税務署の目に留まりやすいといえる。

　先述のとおり，相続税の申告件数の増加に伴い，新たに相続税業務に参入することとなった，当該業務に関する経験が不十分な税理士が関与するケースも増加しているが，それが申告内容の不備につながり，税務調査で調査官から多額の追徴課税を指摘されたり，逆に過度に保守的な申告書を作成することによ

り不必要な納税をクライアントに強いるといった、誠に憂慮すべき事態が頻発することも想定されるところである。

　相続税の税務調査で最も問題となる項目をあえて挙げるならば、それは名義預金に代表される「名義財産」と「不動産の評価」の二点に絞られると考えられる。このうち前者については、筆者は既に姉妹書の『相続税調査であわてない「名義財産」の税務』において、その発生原因と対策を解説したところである。そこで本書は、後者の「不動産の評価」のうち特に土地の評価に関し、過去の税務調査における指摘事例に基づき、相続税の申告に不慣れな方が誤りやすく見落としがちな項目を網羅的に解説することにより、そのような方でも自信をもって申告書を作成できるよう配意した内容となっている。

　また、不動産評価実務に精通していない税理士が作成した相続税の申告については、注意深く検討すれば評価額の減額が可能な項目を見落としているケースが散見されるため、そのままでは相続税額の過納付ということとなる。このようなケースにおいては、税務調査においても調査官がわざわざ指摘し、職権による減額更正に応ずることも稀であるため、納税者が気づかない限りそのままとなってしまうのである。これは極めてもったいない事態であるので、そのようなミスをできる限り防止できるよう、本書をいわば「チェックリスト」として活用することも有意義であると考えられる。

　本書が相続税増税と申告後の税務調査対策に頭を悩ますすべての方と、それをサポートする税理士の方々に少しでもお役に立てればと願っている。

2015年9月

　　　　　　　　　　　　　　　　　　　　　　　国際医療福祉大学大学院准教授
　　　　　　　　　　　　　　　　　　　　　　　　　　税理士　安部　和彦

目　次

第1章　相続税増税時代における不動産評価の基礎知識

1　相続税増税の影響―――2
(1) 基礎控除の引下げ………5
(2) 相続税率の引上げ………7

2　相続税調査の現状と不動産の申告漏れ―――10
(1) 相続税の申告事績………10
(2) 相続税調査の現状………12
(3) 相続税調査における不動産調査の特徴………18
(4) 海外資産関連調査の実態………18
(5) 贈与税の調査事績………20

3　相続税の基礎知識―――22
(1) 相続税の課税原因………22
(2) 相続税の納税義務者………24
(3) 相続税の連帯納付義務………31
(4) 課税物件………31
(5) 課税価格の計算………38
(6) 税額の計算………40
(7) 税額計算の例………41
(8) 延滞税をめぐる最高裁判決………43

(9)　遺産が未分割の場合 ………………………………………………… 44

④ 贈与税の基礎知識 ——————————————————48

　(1)　贈与税の意義 ………………………………………………………… 48
　(2)　贈与税の納税義務 …………………………………………………… 49
　(3)　贈与税の課税物件 …………………………………………………… 53
　(4)　贈与税の非課税財産 ………………………………………………… 54
　(5)　教育資金の一括贈与に係る贈与税の非課税措置 ……………… 54
　(6)　結婚・子育て資金の一括贈与に係る贈与税の非課税措置 … 57
　(7)　住宅資金贈与の特例 ………………………………………………… 60
　(8)　みなし贈与財産 ……………………………………………………… 61
　(9)　課税標準と税額 ……………………………………………………… 66
　(10)　相続時精算課税制度 ………………………………………………… 68

⑤ 財産評価の基礎知識 ——————————————————72

　(1)　財産評価の意義 ……………………………………………………… 72
　(2)　法定評価による財産の評価 ………………………………………… 73
　(3)　法定評価によらない財産の評価 …………………………………… 81
　(4)　財産評価基本通達の評価の原則 …………………………………… 82
　(5)　評価方法の定めのない場合の財産評価 …………………………… 83
　(6)　通達の定めによることが困難な場合の財産評価（総則第6項）
　　　………………………………………………………………………………… 84

⑥ 不動産評価の基礎知識 ——————————————————90

　(1)　土地の評価上の区分 ………………………………………………… 90
　(2)　評価区分の特例 ……………………………………………………… 90

(3) 地積 …………………………………………………… 92
　　(4) 土地の評価単位 ……………………………………… 93
　　(5) 土地の上に存する権利の評価上の区分 …………… 94
　　(6) 宅地の評価 …………………………………………… 95

7 不動産評価の巧拙が相続税額に及ぼす影響 ── 97

8 現地確認調査の意義 ── 99

　　(1) 現地確認調査とは …………………………………… 99
　　(2) 現地確認調査が評価に影響を及ぼす例 …………… 101
　　(3) 登記情報の取得 ……………………………………… 102

9 国外財産の評価 ── 107

　　(1) 国外財産の評価の必要性 …………………………… 107
　　(2) 国外財産の意義 ……………………………………… 107
　　(3) 通達に定める評価方法 ……………………………… 108

第2章　不動産評価の実際

1 路線価方式の宅地の評価 ── 112

　　(1) 路線価とは …………………………………………… 112
　　(2) 路線価方式による評価方法の基本 ………………… 112
　　(3) 特定路線価 …………………………………………… 115
　　(4) 奥行価格補正 ………………………………………… 119
　　(5) 側方路線影響加算 …………………………………… 121

(6)	二方路線影響加算 ………………………………………… 125
(7)	三方又は四方路線影響加算 …………………………………… 128

2 容積率の異なる2以上の地域にわたる宅地の評価 ──130

| (1) | 基本的な考え方 ……………………………………………… 130 |
| (2) | 具体的評価事例 ……………………………………………… 131 |

3 倍率方式による評価 ──────────────134

(1)	倍率方式とは ………………………………………………… 134
(2)	倍率方式による評価 ………………………………………… 135
(3)	倍率地域における各種補正 ………………………………… 135

4 造成中の宅地の評価 ─────────────136

| (1) | 造成中の宅地の意義 ………………………………………… 136 |
| (2) | 造成中の宅地の評価 ………………………………………… 136 |

5 マンション用地の評価 ────────────137

(1)	マンション用地の評価の意義 ……………………………… 137
(2)	マンション用地の具体的評価事例 ………………………… 137
(3)	タワーマンションの評価の今後 …………………………… 140

6 貸宅地の評価 ────────────────141

(1)	貸宅地の意義 ………………………………………………… 141
(2)	借地権の目的となっている宅地の評価 …………………… 142
(3)	地上権の目的となっている宅地 …………………………… 143

(4)　区分地上権の目的となっている宅地 ……………………… 144
　　(5)　区分地上権に準ずる地役権の目的となっている承役地
　　　　である宅地 ……………………………………………………… 144
　　(6)　定期借地権等の目的となっている宅地 ……………………… 145

7　貸家建付地の評価 ─────────────────145

　　(1)　貸家建付地の意義 …………………………………………… 145
　　(2)　貸家建付地の評価 …………………………………………… 146
　　(3)　貸家建付借地権の評価 ……………………………………… 149
　　(4)　借家権の評価 ………………………………………………… 150
　　(5)　貸家の評価 …………………………………………………… 151

8　普通借地権の評価 ─────────────────152

　　(1)　普通借地権の意義 …………………………………………… 152
　　(2)　普通借地権の評価 …………………………………………… 152

9　定期借地権の評価 ─────────────────153

　　(1)　定期借地権の意義 …………………………………………… 153
　　(2)　定期借地権の評価 …………………………………………… 154
　　(3)　定期借地権の目的となっている宅地の評価 ……………… 155
　　(4)　定期借地権の評価事例 ……………………………………… 158

10　転貸借地権の評価 ─────────────────166

　　(1)　転貸借地権の意義 …………………………………………… 166
　　(2)　転貸借地権の評価 …………………………………………… 166
　　(3)　二つの転借権 ………………………………………………… 167

(4) 転借権の評価 ………………………………………… 168

11 農地の評価 ―――――――――――――――――――169

　　　(1) 農地の意義と評価単位 ………………………………… 169
　　　(2) 農地の分類 …………………………………………… 169
　　　(3) 純農地の評価方法 …………………………………… 170
　　　(4) 中間農地の評価方法 ………………………………… 170
　　　(5) 市街地周辺農地 ……………………………………… 171
　　　(6) 市街地農地 …………………………………………… 172
　　　(7) 広大な市街地農地等 ………………………………… 175

12 生産緑地の評価 ――――――――――――――――――177

　　　(1) 生産緑地の意義 ……………………………………… 177
　　　(2) 生産緑地の評価 ……………………………………… 178

13 雑種地の評価 ――――――――――――――――――180

　　　(1) 雑種地の意義 ………………………………………… 180
　　　(2) 雑種地の評価単位 …………………………………… 180
　　　(3) 雑種地の評価 ………………………………………… 181
　　　(4) ゴルフ場用地の評価 ………………………………… 183
　　　(5) ミニゴルフ場用地の評価 …………………………… 186

14 賃借権の目的となっている雑種地及び権利の評価

―――――――――――――――――――――――186

　　　(1) 賃借権の評価 ………………………………………… 186
　　　(2) 賃借権の目的となっている雑種地の評価 ………… 188

15 家屋等の評価 ―――― 191

- (1) 家屋の意義 ……………………………………… 191
- (2) 家屋の評価単位 ………………………………… 191
- (3) 家屋の評価方法 ………………………………… 191
- (4) 建築中の家屋の評価 …………………………… 193
- (5) 建物附属設備等の評価 ………………………… 194

16 海外に所在する土地・家屋の評価 ―――― 195

- (1) 国外財産に対する課税の重要性 ……………… 195
- (2) 国外財産の意義 ………………………………… 196
- (3) 国外財産調書制度における加算税の特例 …… 197
- (4) 海外に所在する土地・家屋の評価の基本的な考え方 ……… 197
- (5) 海外に所在する土地の評価の実際 …………… 198
- (6) 邦貨換算 ………………………………………… 199

第3章　不動産減額評価のための手法

1 間口狭小宅地の評価 ―――― 202

- (1) 間口狭小補正 …………………………………… 202
- (2) 奥行長大補正 …………………………………… 203

2 不整形地の評価 ―――― 205

- (1) 不整形地とは …………………………………… 205
- (2) 不整形地分割法 ………………………………… 208

- (3) 奥行距離平均法 ………………………………………… 209
- (4) 近似整形地基準評価法 ………………………………… 210
- (5) 近似整形地隣接整形地合成法 ………………………… 211

③ 無道路地の評価 ——————————————— 212

- (1) 無道路地の意義 ………………………………………… 212
- (2) 無道路地の具体的評価方法 …………………………… 214

④ がけ地等を有する宅地の評価 ————————— 216

- (1) がけ地等の意義 ………………………………………… 216
- (2) がけ地の具体的評価方法 ……………………………… 218
- (3) がけ地と宅地造成費 …………………………………… 220

⑤ 私道の評価 ——————————————————— 221

- (1) 私道の意義とその評価 ………………………………… 221
- (2) 私道に面した宅地の評価 ……………………………… 222
- (3) 倍率地域に存する私道の評価 ………………………… 223

⑥ 広大地の評価 ————————————————— 224

- (1) 広大地の意義 …………………………………………… 224
- (2) 広大地評価導入の意義 ………………………………… 225
- (3) 広大地の評価方法 ……………………………………… 227
- (4) 広大地の評価事例 ……………………………………… 228
- (5) 広大地の評価をめぐる問題点 ………………………… 235

7 セットバックが必要な宅地の評価 —— 236
- (1) セットバックの意義 …………………………… 236
- (2) セットバックの評価方法 ……………………… 236
- (3) 具体的な評価事例 ……………………………… 237

8 利用価値の著しく低下している宅地の評価 —— 238
- (1) 利用価値の著しく低下している宅地とは …………… 238
- (2) 利用価値の著しく低下している宅地の評価 ………… 239
- (3) 裁決事例から見た利用価値の著しく低下している宅地の評価の留意点 …………………………… 240
- (4) 宅地以外のケース ……………………………… 242
- (5) 通達に定めのない規定の適用の可否 …………… 242

9 土壌汚染地の評価 —— 244
- (1) 土壌汚染地評価の意義 ………………………… 244
- (2) 土壌汚染地の評価方法 ………………………… 244
- (3) 土壌汚染地評価上の留意点 …………………… 245

10 高圧線下の土地の評価 —— 246
- (1) 高圧線下の土地 ………………………………… 246
- (2) 高圧線下の土地の評価 ………………………… 247
- (3) 評価対象地が倍率地域に存する場合 …………… 250

11 庭内神祠の敷地等である土地の評価 —— 251
- (1) 庭内神祠とは …………………………………… 251

(2) 庭内神祠の敷地をめぐる裁判例 ……………………………… 252
　(3) 東京地裁判決後の取扱い ………………………………………… 252

12 **埋蔵文化財のある土地の評価**────────────253
　(1) 埋蔵文化財のある土地 …………………………………………… 253
　(2) 埋蔵文化財包蔵地の評価 ………………………………………… 254

索　引 ………………………………………………………………… 256

凡　例

通法	国税通則法
相法	相続税法
相令	相続税法施行令
相規	相続税法施行規則
法法	法人税法
所法	所得税法
措法	租税特別措置法
措令	租税特別措置法施行令
評基通	財産評価基本通達
相基通	相続税法基本通達
所基通	所得税基本通達
地法	地方税法

＜表記例＞
相法1の3①二イ⇒相続税法第1条の3第1項第2号イ

相続税増税時代における不動産評価の基礎知識

1 相続税増税の影響

　平成25年度の税制改正は，大げさに言えば，わが国の富裕層とそれを取り巻く業界に衝撃を与えた，といってよかろう。勿論それの意味するところは，下の図表で明らかなように，昭和63年の抜本的改正[1]以来，課税の軽減を行ってきた相続税制に関し，ついに増税へと舵を切った改正であったということであ

○相続税の課税割合，負担割合及び税収の推移

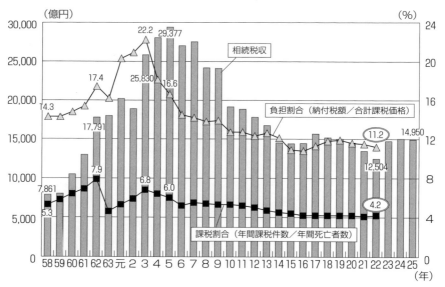

（注） 1　相続税収は各年度の税収であり，贈与税収を含む（平成23年度以前は決算額，平成24年度は補正後予算額，平成25年度は予算額）
　　　 2　課税件数，納付税額及び合計課税価格は「国税庁統計年報書」により，死亡者数は「人口動態統計」（厚生労働省）による。
（出典）　財務省編『平成25年度改正税法のすべて』568頁。

1　相続税の課税最低限の引上げ（4,000万円＋800万円×法定相続人の数，それまでの控除額の2倍に引き上げられている），相続税の税率構造の緩和，配偶者の負担軽減措置の拡充，小規模宅地等に係る相続税の特例の拡充等を内容とする。

る。

　当該税制改正に伴う改正相続税法の施行日は，平成27年1月1日であったため，それまで不動産業界やハウスメーカー，金融機関等が主催する「相続税対策セミナー」は大盛況であったと記憶している。そこでは，「都市部であれば普通のサラリーマンでも相続税から逃れられなくなります」というような煽り文句が飛び交っているケースもあったようだ。

　さて，施行日を過ぎ，一時の盛り上がりもようやく落ち着いてきた昨今であるが，まずはわが国の現行相続税の仕組み（法定相続分課税方式による遺産取得税方式）と改正の内容を，以下で簡単におさらいしてみよう。次頁の図は，現行相続税の仕組みと改正のポイントを示したものである。

○相続税の仕組み

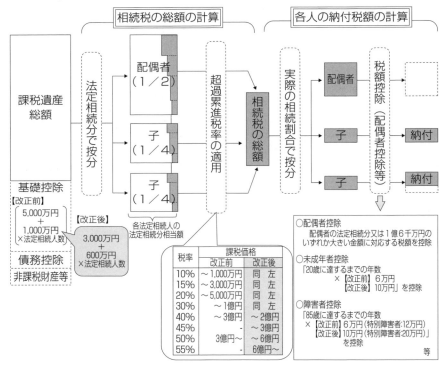

（注）　改正後の制度は，平成27年1月1日以後の相続・遺贈に適用。
（出典）　財務省編『平成25年度改正税法のすべて』567頁。

次に，平成25年度の相続税改正の内容を以下で確認しておこう。

(1) 基礎控除の引下げ

相続税増税に関し,最もインパクトのある改正事項はこれである。すなわち,改正前後で相続税の基礎控除額は以下のとおり4割引き下げられている(相法15①)。

○相続税の基礎控除額の改正

相続税の基礎控除は,バブル経済による地価高騰などを理由に昭和63年以降数次にわたって引き上げられてきた(7頁表参照)。一方,バブル経済崩壊後地価は大幅に下落したにもかかわらず基礎控除額が平成6年以降据え置かれたため,相続税の負担水準は昭和63年の抜本改正以前の水準に比べ大幅に軽減されていた[2]。その結果,相続税の持つ富の再分配機能[3]が減殺され,格差社会の是正が叫ばれる中でそのような状態が問題視されるようになった。

---

2 財務省編『平成25年度改正税法のすべて』567頁。
3 水野忠恒『租税法(第5版)』(有斐閣・2011年)633頁。

○地価公示指数の推移と相続税の改正（昭和58年以降）

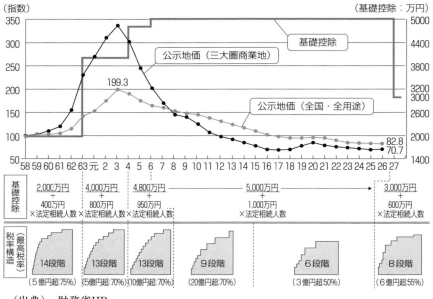

（出典）　財務省HP。

　このような状況下で、民主党政権時に俎上に載せられ、東日本大震災後の税制改正論議の迷走の中一度は見送られたものの、自民党が政権復帰後の最初の税制改正で再登場したのが、戦後初めてとなる相続税基礎控除額の引下げ（4割縮減）であった。当該改正の結果、法定相続人の数の変動に伴う基礎控除額の縮減のイメージを図示すると、次頁の図のようになる。

○法定相続人の数の変動に伴う基礎控除額の縮減（平成25年度税制改正前後）

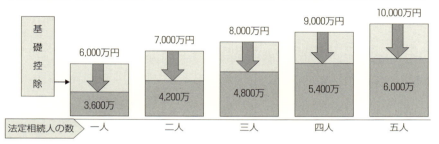

なお，相続税の基礎控除額（課税最低限）の推移は次表のとおりである。

○相続税の基礎控除額の推移[4]

年	基礎控除額
昭和33年	150万円＋（30万円×法定相続人の数）
昭和37年	200万円＋（50万円×法定相続人の数）
昭和39年	250万円＋（50万円×法定相続人の数）
昭和41年	400万円＋（80万円×法定相続人の数）＋配偶者控除最高額200万円
昭和46年	400万円＋（80万円×法定相続人の数）＋配偶者控除最高額400万円
昭和48年	600万円＋（120万円×法定相続人の数）＋配偶者控除最高額600万円
昭和50年	2,000万円＋（400万円×法定相続人の数）
昭和63年	4,000万円＋（800万円×法定相続人の数）
平成4年	4,800万円＋（950万円×法定相続人の数）
平成6年	5,000万円＋（1,000万円×法定相続人の数）
平成27年	3,000万円＋（600万円×法定相続人の数）

初めての引下げ

(2) 相続税率の引上げ

もう一つは相続税・贈与税の税率構造の見直し，すなわち相続税率の引上げである。以下にみるように，わが国の相続税制は累進課税を採用しているが，

---

[4] 昭和33年の税制改正で，相続税額の計算方法に関し現行の「法定相続分課税方式による遺産取得税方式」が採用されている。

基本的に，昭和63年度の抜本的改正以降一貫して税率構造を緩和化（ブラケット幅の拡大，ブラケット数の縮小及び最高税率の引下げ等）してきた。

○相続税の税率構造の推移（昭和63年度抜本改正以降）

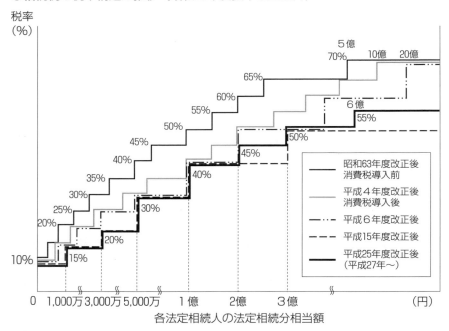

（出典）　財務省HP。

これにより，特に財務省は相続税の有する資産再分配機能を低下させる要因になっているという問題意識を持っていたため，所得税の最高税率引き上げと合わせる形で，平成25年度の税制改正により相続税の最高税率を引き上げることとしたのである（相法16）[5]。改正前後の相続税の税率構造は次頁のとおりとなる。

5　財務省前掲注2書569～570頁。

○相続税の税率構造

改正前			改正後		
法定相続人の取得金額	税率	控除額	法定相続人の取得金額	税率	控除額
1,000万円以下	10%	—	1,000万円以下	10%	—
3,000万円以下	15%	50万円	3,000万円以下	15%	50万円
5,000万円以下	20%	200万円	5,000万円以下	20%	200万円
1億円以下	30%	700万円	1億円以下	30%	700万円
3億円以下	40%	1,700万円	2億円以下	40%	1,700万円
3億円超	50%	4,700万円	3億円以下	45%	2,700万円
			6億円以下	50%	4,200万円
			6億円超	55%	7,200万円

（注） 上記網掛け部分が税率アップを意味する。

また，同時に贈与税の税率構造（暦年課税）も以下のとおり見直しがなされている（相法21の7，措法70の2の4①）。

○贈与税の税率構造（暦年課税）

改正前			改正後					
すべて			一般			20歳以上の者が直系尊属から贈与を受けた場合		
課税価格	税率	控除額	課税価格	税率	控除額	課税価格	税率	控除額
200万円以下	10%	—	200万円以下	10%	—	200万円以下	10%	—
300万円以下	15%	10万円	300万円以下	15%	10万円	400万円以下	15%	10万円
400万円以下	20%	25万円	400万円以下	20%	25万円	600万円以下	20%	30万円
600万円以下	30%	65万円	600万円以下	30%	65万円	1,000万円以下	30%	90万円
1,000万円以下	40%	125万円	1,000万円以下	40%	125万円	1,500万円以下	40%	190万円

1,000万円超	50%	225万円	1,500万円以下	45%	175万円	3,000万円以下	45%	265万円
			3,000万円以下	50%	250万円	4,500万円以下	50%	415万円
			3,000万円超	55%	400万円	4,500万円超	55%	640万円

(注) 上記網掛け部分が税率アップを意味する。

　贈与税は単純な増税ではなく，高齢者層が保有する資産をより早期に現役世代に移転させる観点から，20歳以上の者が直系尊属から受ける贈与（死因贈与を除く）について，租税特別措置法により税率構造を緩和する措置を講じている[6]。

2　相続税調査の現状と不動産の申告漏れ

(1) 相続税の申告事績

　相続税調査の現状を見る前に，まず相続税の申告事績を把握しておく。

6　財務省前掲注2書570頁（注1）。

② 相続税調査の現状と不動産の申告漏れ　11

○相続税の申告事績

項目		年分	平成24年分 (注1)	平成25年分 (注2)	対前年比
①	被相続人数（死亡者数） (注3)		人 1,256,359	人 1,268,436	% 101
②	相続税の申告書 （相続税額があるもの） の提出に係る被相続人数		人 52,572	人 54,421	% 103.5
③	課税割合 （②／①）		% 4.2	% 4.3	ポイント 0.1
④	相続税の納税者である 相続人数		人 126,452	人 130,545	% 103.2
⑤	課税価格 (注4)		億円 107,827	億円 116,253	% 107.8
⑥	税額		億円 12,514	億円 15,367	% 122.8
⑦	被相続人 1人当たり	課税価格 (注4) （⑤／②）	万円 20,510	万円 21,362	% 104.2
⑧		税額 （⑥／②）	万円 2,380	万円 2,824	% 118.6

（注）1　平成24年分は，平成25年10月31日までに提出された相続税額のある「申告書（修正申告書を除く。）」データ（確定値）に基づいて作成している。
　　　2　平成25年分は，平成26年10月31日までに提出された相続税額のある「申告書（修正申告書を除く。）」データ（速報値）に基づいて作成している。
　　　3　「被相続人数（死亡者数）」は，厚生労働省統計情報部「人口動態統計」による。
　　　4　「課税価格」は，相続財産価額から，被相続人の債務・葬式費用を控除し，相続開始前3年以内の被相続人から相続人等への生前贈与財産価額及び相続時精算課税適用財産価額を加えたものである。
（出典）国税庁「平成25年分の相続税の申告の状況について」（別表）。

　相続税の課税割合は平成25年分で4.3％であり，死亡者のうち相続税が課される（相続税額があるもの）のは100人中4人程度である。これが先の税制改正に伴う基礎控除の引下げで，2倍程度になるとも言われている。また，相続人数，課税価格及び税額は前年に比べいずれも増加しており，アベノミクスに

伴う景気回復の効果が特に富裕層に及んでいるものと考えられる。

(2) 相続税調査の現状

次に相続税調査の現状を見ていこう。国税庁の統計によれば，相続税の調査事績（平成24・25事務年度）は以下のとおりである。なお「平成25事務年度」とは国税庁特有の事業年度の呼称で，平成25年7月～翌26年6月までの1年間を指す。

○相続税の調査事績（平成24・25事務年度）

項目		平成24事務年度	平成25事務年度	対前事務年度比
①	実地調査件数	件 12,210	件 11,909	% 97.5
②	申告漏れ等の非違件数	件 9,959	件 9,809	% 98.5
③	非違割合（②/①）	% 81.6	% 82.4	ポイント 0.8
④	重加算税賦課件数	件 1,115	件 1,061	% 95.2
⑤	重加算税賦課割合（④/②）	% 11.2	% 10.8	ポイント ▲0.4
⑥	申告漏れ課税価格（注）	億円 3,347	億円 3,087	% 92.2
⑦	⑥のうち重加算税賦課対象	億円 436	億円 360	% 82.5
⑧	追徴税額 　本税	億円 527	億円 467	% 88.8
⑨	追徴税額 　加算税	億円 83	億円 71	% 85.2
⑩	追徴税額 　合計	億円 610	億円 539	% 88.3

			万円	万円	%
⑪	実地調査1件当たり	申告漏れ課税価格（注）(⑥/①)	2,741	2,592	94.6
⑫		追徴税額(⑩/①)	万円 500	万円 452	% 90.5

（注）「申告漏れ課税価格」は，申告漏れ相続財産額（相続時精算課税適用財産を含む。）から，被相続人の債務・葬式費用の額（調査による増減分）を控除し，相続開始前3年以内の被相続人から法定相続人等への生前贈与財産額（調査による増減分）を加えたものである。

（出典） 国税庁「平成25事務年度における相続税の調査の状況について」（平成26年11月）。

　全般的な状況としては，平成24事務年度に関しては，リーマンショック後の景気低迷や税務調査手続の法定化を反映して，相続税の実地調査件数，申告漏れ非違件数及び申告漏れ課税価格はいずれも対前年度比10％以上減少しており，翌平成25事務年度においても，横ばいからやや低下気味と，回復傾向にはないということがいえる。今後相続税の申告件数の増加が見込まれる中，実地調査件数も増加すると思われるが，接触（実地調査）割合がどうなるのかが注目される。

　また，税務調査により明らかになった申告漏れ相続財産の金額及びその構成比の推移は次の図のとおりである。

○申告漏れ相続財産の金額の推移

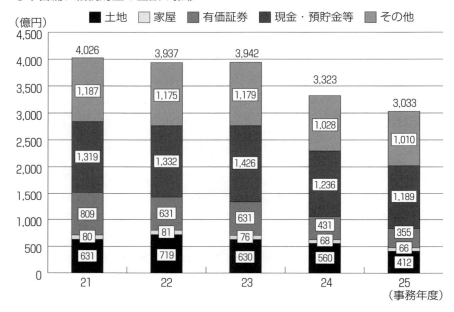

○申告漏れ相続財産の金額の構成比の推移

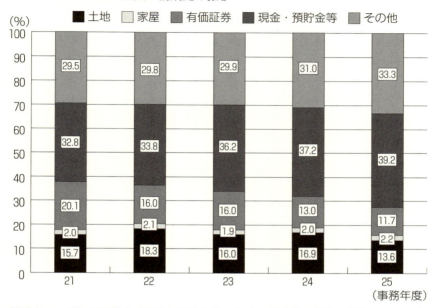

(出典) いずれも国税庁「平成25事務年度における相続税の調査の状況について」。

上記統計よりまず分かることは、各事務年度とも、調査により把握される申告漏れ相続財産のうち最も比重が大きいのは「現金・預貯金等」であり、「土地」及び「家屋」の割合がそれほど大きくないという点である。これは次頁で示される、相続税の申告事績に基づく相続財産の金額の構成比の推移と対比してみると興味深い。

○相続財産の金額の構成比の推移

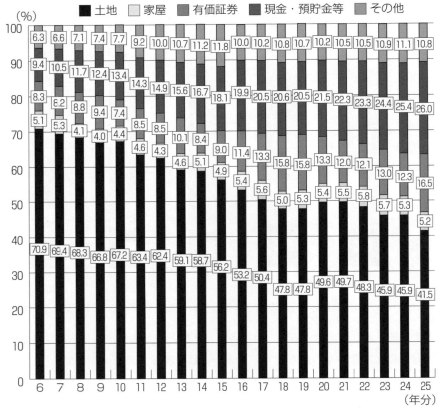

(出典) 国税庁「平成25年分の相続税の申告の状況について」。

　バブル崩壊後の地価の下落を反映して，相続財産に占める土地の割合は年々減少しているが，現在でも依然として40％強を占めている。また，家屋は概ね5％程度を推移している。ところが，調査により把握される申告漏れ相続財産の割合となると土地はわずか10％強で年々減少傾向にあり，家屋も2％程度に過ぎない。逆に，相続財産に占める現金・預貯金等の割合は25％強に過ぎないにもかかわらず，調査により把握される申告漏れ相続財産に占める現金・預貯金等の割合となると40％弱にまで跳ね上がる。要するに，相続税の税務調査に

ける主戦場は,「現金・預貯金等」にあり,より具体的には「名義預金」にあるということがいえるわけである。この点については,拙著(『相続税調査であわてない「名義」財産の税務』)にて詳細が説明されているため,興味がある方は是非確認していただきたい。

なお,平成6年分以降の相続財産の金額の推移は次の図のとおりである。土地はバブル期の価格高騰の影響が残っていたピーク時に11兆7,000億円程度まで膨らんだが,その後減少し,平成25年分は5兆2,000億円程度まで下がっている。一方,家屋はそれほど変動しておらず,概ね6,000億円程度を推移している。また,近年は有価証券及び現金・預貯金等が顕著に増加しており,平成25年分はそれぞれ2兆円強及び3兆2,000億円程度であった。

○相続財産の金額の推移(平成6年分以降)　　　　　　(単位:億円)

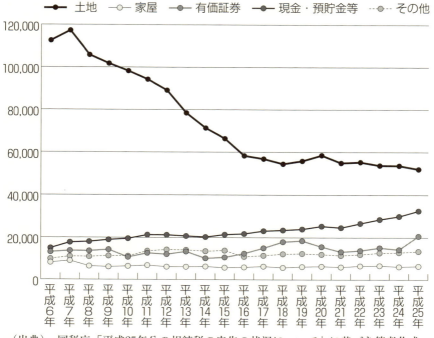

(出典) 国税庁「平成25年分の相続税の申告の状況について」に基づき筆者作成。

(3) 相続税調査における不動産調査の特徴

それでは，相続税調査において，土地や家屋といった不動産に関する調査はそれほど心配がいらないといえるのかというと，話はそう単純ではない。

不動産については登記制度により，仮に被相続人から相続人に財産に関する情報伝達がなされていない場合であっても，相続人がその存在を把握することは一般に比較的容易である。したがって，未登記のケースはあるものの，申告すべき相続財産から不動産を丸々漏らしてしまうことは比較的少ないものと考えられる。その点は預貯金の場合と大きく異なるといえる。

それでは相続税調査における不動産，中でも土地の問題点は何かといえば，その「評価」である。土地の価格形成要因は多種多様であり，しかも価格は刻々と変化する傾向にあるため，時価の把握は決して容易ではない。そのため，その価格を鑑定評価する不動産鑑定士という国家資格を有する専門家が存在するくらいである。

とはいえ，相続税の申告における不動産の評価は，第一義的に路線価に代表される財産評価基本通達に基づく方法を指し，不動産鑑定士に評価を依頼するケースは限定される。したがって，相続税調査における不動産の評価は，財産評価基本通達に基づく評価方法であり，それをマスターすることが何よりも相続税調査対策として重要ということになる。不動産の評価は専門家としての知識や技量が如実に表れる分野であり，資産税に精通していない税理士は誤りを犯しやすい項目である。しかも，誤りが税額に及ぼす影響が小さくないのが厄介なところである。専門家として納税者の信頼を得て無事に税務調査を乗り切れるよう，相続税に携わるすべての税理士は不動産の評価に精通することが肝要であると考える。本書は主としてその観点から書かれたものである。

(4) 海外資産関連調査の実態

相続税・贈与税はかつて，極めてドメスティックな税目であると捉えられていたが，金融ビッグバンにより資産運用のグローバル化が進行すると，わが国

② 相続税調査の現状と不動産の申告漏れ　19

○相続税に係る海外資産関連調査事績

項目		平成24事務年度	平成25事務年度	対前事務年度比
①	実地調査件数	721 件	753 件	104.4 %
②	海外資産に係る申告漏れ等の非違件数	537 件 / 113	580 件 / 124	108 % / 109.7
③	海外資産に係る重加算税賦課件数	68 件 / 16	65 件 / 17	95.6 % / 106.3
④	海外資産に係る申告漏れ課税価格	218 億円 / 26	370 億円 / 163	169.9 % / 620
⑤	④のうち重加算税賦課対象	36 億円 / 11	27 億円 / 2	76.2 % / 20.3
⑥	非違1件当たりの申告漏れ課税価格（④/②）	4,051 万円 / 2,327	6,371 万円 / 13,146	157.3 % / 565

（注）　左肩数は，国内資産に係る非違も含めた計数を示す。

　　　海外資産関連事案とは，①相続又は遺贈により取得した財産のうちに海外資産が存するもの，②相続人，受遺者又は被相続人が日本国外に居住する者であるもの，③海外資産等に関する資料情報があるもの，④外資系金融機関との取引のあるもの等のいずれかに該当する事案をいう。

（出典）　国税庁「平成25事務年度における相続税の調査の状況について」（付表3 - 1）。

においても資産を海外に保有し運用する富裕層が増加する傾向にあるとされる。それに呼応するように，近年課税庁は相続税・贈与税に関する海外資産関連調査に注力しており，調査件数も次のとおり増加傾向にある[7]。

---

[7] 時事通信2015年2月27日付報道によれば，大手ゲームメーカー「タイトー」の創業者の妻が2013年12月に死亡したことにより発生した相続に関し，その相続人である長女及び長男（共に外国籍で海外在住）が海外の財産約200億円に係る相続税約100億円を納税していないという事例があったという。この事案は，平成25年度の税制改正で，平成25年4月1日以降に発生した相続に関し，被相続人が国内に住所を有している場合には，相続人が国内に住所もなく日本国籍を有していない場合であっても，国内財産のみならず国外財産も相続税の課税対象となったことに伴い課税されたものである（相法1の3二ロ）。これに関し，相続人は当初海外財産を含めて相続税の申告を行ったが，当該相続税法改正の周知期間が短く憲法違反に当たるとして，海外財産を含めない課税を行うべきとの更正の請求を行ったという。今後の展開が注目されるところである。本税制改正の内容については，本章③(2)参照。

また、財産別の非違件数の推移を見ていくと以下のとおりとなる。

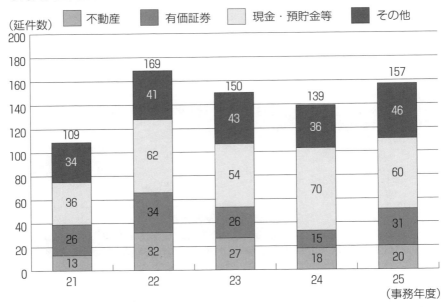

○海外資産関連調査に係る財産別の非違件数の推移

（出典）　国税庁「平成25事務年度における相続税の調査の状況について」（付表3－2）。

件数としては一貫して「現金・預貯金等」が最も多く、「不動産」は全体の10～20％程度と、国内事案と大きな差異はないところである。

(5)　贈与税の調査事績

贈与税は、その課税原因である贈与の事実を取引当事者以外が把握することが困難であるため、課税漏れが小さくないものと想定される税目である。国税庁は贈与税を相続税の補完税ととらえ、無申告事案を中心にその調査に力を入れている。国税庁の統計によれば、贈与税の調査事績（平成24・25事務年度）は次頁のとおりである。

○贈与税の調査事績（平成24・25事務年度）

項目		平成24事務年度	平成25事務年度	対前事務年度比
①	実地調査件数	件 4,599	件 3,786	% 82.3
②	申告漏れ等の非違件数	件 4,152	件 3,424	% 82.5
③	申告漏れ課税価格	億円 223	億円 216	% 96.9
④	追徴税額	億円 63	億円 75	% 118.4
⑤	実地調査1件当たり 申告漏れ課税価格（③/①）	万円 485	万円 571	% 117.7
⑥	実地調査1件当たり 追徴税額（④/①）	万円 137	万円 197	% 143.8

（出典）　国税庁「平成25事務年度における相続税の調査の状況について」（付表５）。

　相続税と同様に，贈与税の税務調査についても実地調査件数や非違件数は減少しているが，1件当たりの申告漏れ課税価格及び追徴税額は上昇している。これは，無申告事案の調査に注力している成果であるとも想定される。実際，公表されている贈与税の無申告事案に対する調査の状況（平成25事務年度）を見ていくと，上記調査事績中の「申告漏れ等の非違件数」に占める無申告事案の割合は86.2％，「申告漏れ課税価格」に占める無申告事案の割合は87.8％と大部分を占めている。一般に，贈与の事実自体を課税庁が把握することは困難であることが多いことから，納税者も「ばれないだろう」と高を括って申告を行わないケースが少なくないことを窺わせる統計である。

　さらに，贈与税の無申告事案に対する調査において把握された申告漏れ財産の内訳は次頁の図のとおりである。やはり贈与の事実を外部から把握することが困難な「現金・預貯金等」の割合がほぼ半分と非常に高いといえる。一方，登記情報等で外部からでも贈与の事実を把握しやすい土地・家屋の申告漏れ課税価格の割合はいずれも5％未満と小さい。ただし，土地の評価誤りによる過

少申告事案は贈与税においてもみられるため、注意を要する。

○贈与税の調査事績に係る申告漏れ財産の内訳（平成25事務年度）

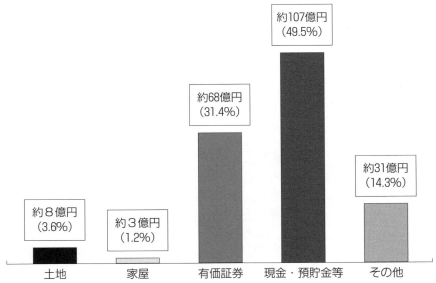

（注）　各財産の金額は申告漏れ課税価格、（　）内の数値は構成比。
（出典）　国税庁「平成25事務年度における相続税の調査の状況について」（付表5）。

3　相続税の基礎知識

　本節では、相続税調査及び相続税財産評価を理解する上で前提となる相続税法の概略を説明することとしたい。

(1)　相続税の課税原因

　相続税は人の死亡によって財産が他者に移転する機会をとらえ、その移転した財産に対して課される税金である。一方、贈与税は贈与によってある者から別の者に財産が移転する機会をとらえ、その移転した財産に対して課される税

金である[8]。

　相続税と贈与税との関係については，一般に補完税としての性質があるといわれている。すなわち，かつてのイギリスのように贈与税がなく相続税のみ課されている場合，生前贈与により相続税の課税を容易に回避することができるため，わが国をはじめ多くの国においては，生前贈与に関し贈与税を課し，かつ，贈与税の税率を相続税よりも重課するという制度設計となっている[9]。

　相続税の課税原因は相続，遺贈又は死因贈与（贈与者の死亡によって効力が生じる贈与）である（相法1の3）。「相続」とは，私有財産制の下で，死者（被相続人）の財産を死者と一定の親族関係のある者に帰属させるための制度である[10]。一方「遺贈」とは，遺言によって被相続人が自らの財産を無償で他人に与えることである。遺贈は包括名義の包括遺贈と特定名義の特定遺贈とに分けられる（民法964）。

① **包括遺贈**

　目的物を特定しない遺贈で，相続財産の全部を与えるという内容のものと，財産の何分の一を与えるという内容のものとがある。

② **特定遺贈**

　目的物を特定する遺贈で，具体的な不動産や有価証券を遺贈するという特定物の遺贈と，種類・品質等で定まるものの一定量を与える（現金5,000万円など，紙幣そのものを特定するわけではない）という不特定物の遺贈とがある。

　相続と遺贈（包括遺贈）とは効果がよく似ているが，その主な相違点を挙げると以下のとおりとなる。

イ　相続人は自然人のみであるが，包括受遺者は法人でも可
ロ　包括遺贈には代襲相続に相当するものはなく，遺言者の死亡前に包括受遺

8　金子宏『租税法（第二十版）』（弘文堂・2015年）581頁。
9　金子前掲注8書581～582頁。
10　内田貴『民法Ⅳ（補訂版）』（東京大学出版会・2004年）323頁。

者が死亡した場合，遺言に別段の定めがない限り，遺贈が無効となる
ハ　遺贈による所有権移転登記は，遺言執行者又は相続人との共同申請によることとなる
ニ　他の包括受遺者や相続人に放棄があった場合であっても，当該放棄分が包括受遺者に添加（放棄分の一定額が増加すること）されない
ホ　包括受遺者には遺留分権がない

　上記のうち，相続手続上は特にハが重要であると思われる。すなわち，遺言書において，特定の不動産を相続人に取得させる場合，「相続させる」という文言を使用した場合には，その登記原因は「相続」となり，所有権移転登記は当該相続人の単独申請で可能となる（即時移転の効力，最高裁平成3年4月19日判決・民集45巻4号477頁「香川判決」）。一方，「遺贈する」という文言を用いた場合，遺言執行者がいる場合には遺言執行者が申請し，遺言執行者がいない場合には，相続人全員で登記申請を行うこととなる。したがって，「遺贈する」旨の遺言書の場合，遺言執行者がいないと煩瑣な登記手続となる。

　なお，「相続させる」[11]旨の遺言書を作成しても，受遺者が法定相続人でない場合には，法的には遺贈と取り扱われる。

　最後に「死因贈与」であるが，これは贈与者（被相続人）の死亡を不確定期限とする贈与の一形態である。法形式的には，遺贈は単独行為であり，死因贈与は契約であるが，民法は両者が共通の性質を有することを認めて，死因贈与に遺贈の規定を準用している（民法554）。

(2) 相続税の納税義務者

＜相続税の納税義務者＞

　相続税の納税義務者は，相続，遺贈又は死因贈与により財産を取得した個人である（相法1の3）。ここでいう納税義務者である「個人」であるが，住所

11　前述のとおり，以前は，「遺贈する」より「相続させる」旨の遺言の方が不動産の所有権移転登記に関する登録免許税が安くなるというメリットがあったが，2003年4月からいずれの場合も税率が同一（0.4％）となった。

を日本国内に有するか否かによって無制限納税義務者及び制限納税義務者の二種類があり，さらに相続時精算課税制度との関連で，特定納税義務者が存在する（相法1の3，2，21の16①）。

　このうち無制限納税義務者は，更に居住無制限納税義務者と非居住無制限納税義務者とに分けられる。居住無制限納税義務者とは，相続又は遺贈により財産を取得した個人で，財産取得の時点において日本国内に住所を有する者をいう（相法1の3①一，2①）。

　一方，非居住無制限納税義務者とは，相続又は遺贈により財産を取得した個人で，財産取得の時点において日本国内に住所を有しない者のうち一定の者をいう（相法1の3①二，2①）。この「一定の者」とは2種類存在し，第一に，相続又は遺贈により財産を取得した個人が財産取得のとき日本国籍を有し，かつ，その財産の取得者又は被相続人が相続開始前5年以内に日本国内に住所を有したことがある場合の，その者をいう（相法1の3①二イ）。第二に，相続又は遺贈により財産を取得した個人で財産取得のとき日本国籍を有していないが，被相続人が相続開始時において日本国内に住所を有していた場合の，その者をいう（相法1の3①二ロ）。

　また，制限納税義務者とは，相続又は遺贈により財産を取得した個人で，財産取得の時点において日本国内に住所を有しない者のうち上記「非居住無制限納税義務者」に該当しない者をいう（相法1の3①三，2②）。

　さらに，特定納税義務者とは，被相続人から相続又は遺贈により財産を取得しなかった者のうち，相続時精算課税の適用を受ける財産を当該被相続人から相続又は遺贈により取得したとみなされる者をいう（相法21の16）。

＜納税義務者別の相続税の課税範囲＞

　無制限納税義務者及び制限納税義務者の課税財産の範囲は，次の表のとおりとなる。

○相続税の納税義務者と課税財産の範囲

納税義務者の区分		課税財産の範囲	
		国内財産	国外財産
無制限納税義務者	居住無制限納税義務者	課税	課税
	非居住無制限納税義務者	課税	課税
制限納税義務者		課税	課税対象外

　上記より，ともに無制限納税義務者である居住無制限納税義務者と非居住無制限納税義務者の納税義務に差はなく，国内財産のみならず国外財産も課税されることが分かる。また，制限納税義務者は国内財産にのみ課税される。

　ところで，上記表に関連し，相続の当事者の国籍・居住形態と相続税の課税関係を整理すると，以下のようになる。

○相続の当事者の国籍・居住形態と相続税

被相続人 \ 相続人		相続時に国内に住所あり	相続時に国内に住所なし		
			日本国籍あり		日本国籍なし
			5年以内国内に住所あり	5年超国内に住所なし	
相続時に国内に住所あり		国内財産・国外財産ともに課税			国内財産・国外財産ともに課税
相続時に国内に住所なし	5年以内国内に住所あり	国内財産・国外財産ともに課税			国内財産のみ課税
	5年超国内に住所なし	国内財産・国外財産ともに課税			国内財産のみ課税

（平成25年度税制改正で国外財産も課税に！）

＜平成25年度の税制改正＞

　上記の表で注目されるのは，従来，国内に住所を有する者から日本国籍のない者に国外財産が相続により承継された場合には，わが国において相続税が課税されなかったが，平成25年度の税制改正で，平成25年4月1日以降の相続又

は遺贈については、被相続人が国内に居住している場合には、日本国籍のない者が国外財産を取得した場合にも相続税が課されるようになったということである（相法1の3①二ロ）。

　この立法趣旨について財務省は、平成12年度の税制改正で、日本国外にある財産についても一定の場合には相続税・贈与税が課されることとなったが、近年では、例えば、海外で生まれた孫で日本国籍を取得しなかった者に、国外に所在する財産を贈与する等の手段で贈与税の回避を図る租税回避行為がみられるようになったので、それに対処するためなされた措置であると説明している[12]。これを図で示すと次頁のとおりとなる。

12　財務省前掲注2書576頁。なお、アメリカ、イギリス、ドイツ及びフランスにおいても相続税・贈与税の取扱いは同様であるとされる。同書576頁参照。

○国外に居住する相続人等に対する相続税・贈与税の課税の適正化

○ 相続人等が国外に居住している場合において，その相続人等が日本国籍を有するときは，国外財産についても課税される一方で，日本国籍を有しないときは課税されない。
○ 子や孫等に外国籍を取得させることにより，国外財産への課税を免れるような租税回避事例が生じていることから，相続税・贈与税の納税義務の範囲について見直しを行う。

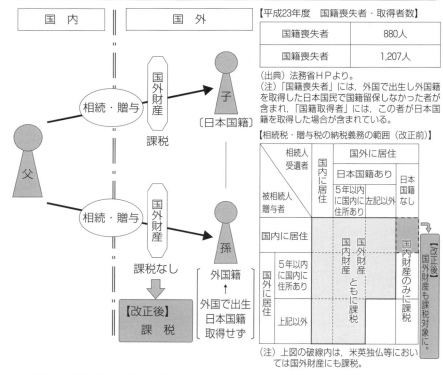

（出典） 財務省編『平成25年度改正税法のすべて』577頁。

　この改正を促した事件としていわゆる「中央出版事件」という裁判例（名古屋地裁平成23年3月24日判決・税資261号順号11654，名古屋高裁平成25年4月3日判決・裁判所HP下級裁判所判例集，最高裁平成26年7月15日上告不受理・納税者敗訴確定）がある。事件の概要を図で示すと次頁のとおりであるが，課税庁はニュージャージー州法に基づく信託の設定行為が元会長から孫への贈与

(みなし贈与)に当たるとして孫に贈与税(約3億1,000万円)を課した。

○中央出版事件

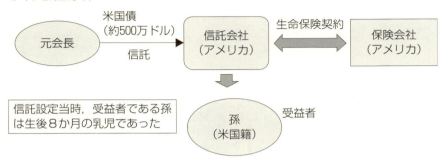

一審の名古屋地裁は,孫が旧相続税法第4条第1項にいう信託の受益者に当たらないとして納税者勝訴としたが,二審の名古屋高裁は孫が受益者に該当し,また信託設定当時,受益者である孫は生後8か月の乳児であったことから,生活の本拠は孫を監護・養育する両親のそれである日本国内にあるため,孫は制限納税義務者に該当しないとして納税者が敗訴している。納税者側はこれを不服として上告したが,最高裁は当該上告を受理せず,納税者敗訴が確定した。

平成24年度の税制改正で導入された「国外財産調書制度」の施行(平成25年12月31日において有する国外財産について,翌年の確定申告期限(平成26年3月17日)までに提出するのが最初)や平成27年度の税制改正で導入された出国税(国外転出に係る譲渡所得等の特例及び贈与等による非居住者に資産が移転した場合の譲渡所得等の特例)も相まって,国外財産をめぐる課税網が広がりつつあることに注意すべきであろう。

なお,「国外財産調書制度」の概要は次頁の図のとおりであり,調書提出により相続税に係る加算税の優遇措置がある点が注目される。

○国外財産調書制度の概要

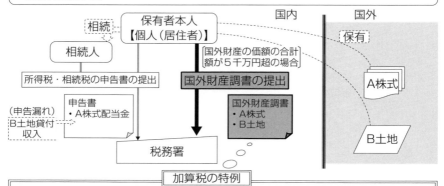

(出典) 財務省編「平成24年度改正税法のすべて」618頁。

＜住所の判定＞

前述のように，相続税の納税義務は，被相続人・相続人の住所の所在地によって異なってくるが，相続税法上，「住所」についての明確な規定はない。そこで，民法の規定（民法22）と同義に解釈し，生活の本拠をもってその住所とするのが一般的である（借用概念）。また，所得税の基本通達では，生活の本拠については，客観的事実によって判断するとされている（所基通2－1）。さらに贈与税に関する判例では，「その者の生活に最も関係の深い一般的生活，全生活の中心を指すものであり，一定の場所がある者の住所であるか否かは，客観的に生活の本拠たる実体を具備しているか否かにより解するのが相当であ

る」とした（「武富士事件」最高裁平成23年2月18日判決・判時2111号3頁，傍点筆者）。

(3) 相続税の連帯納付義務

相続税は，一つの相続に関して生じた相続税額については，当該相続に係る受益者である相続人が共同して責任を負うべきとの考え方に基づき，その徴収確保の観点から，共同相続人の連帯納付義務が定められている（相法34）。その義務は以下のとおりまとめられる。

イ 同一の被相続人からの相続又は遺贈により財産を取得した全ての者は，その相続・遺贈に係る相続税について，その相続・遺贈により受けた利益の価額を限度として互いに連帯納付義務を負う（相法34①）。

ロ 同一の被相続人からの相続又は遺贈により財産を取得した全ての者は，その被相続人に係る相続税又は贈与税について，相続・遺贈により受けた利益の価額を限度として互いに連帯納付義務を負う（相法34②）。

ハ 相続税又は贈与税の対象となった財産を贈与又は遺贈によって取得した者は，当該相続税又は贈与税の金額のうち，贈与又は遺贈を受けた財産に対応する部分について，受けた利益の価額を限度として連帯納付義務を負う（相法34③）。

ニ 財産を贈与した者は，その相手方のその年分の贈与税の金額のうち，贈与した財産に対応する部分について連帯納付義務を負う（相法34④）。

(4) 課税物件

＜本来の相続財産＞

相続税の課税物件は相続又は遺贈により取得した「財産」であり，これを相続財産（課税財産）という。ここでいう相続財産とは，金銭に見積もることができる経済的な価値がある一切のもの（物及び権利）をいうものと解され，動産，不動産，無体財産権（特許権や著作権等），営業上の権利（鉱業権や漁業

権等),私法上・公法上の各種の債権(信託受益権等)などを指す[13]。

なお,質権や抵当権,地役権のような従たる権利は,主たる権利の価値を担保し又は増加させるものであり,独立した財産ではない(相基通11の2－1(3))。

＜みなし相続財産＞

法的には相続又は遺贈により取得した財産とはいえないものの,被相続人又は遺贈者の死亡を起因として取得する財産については,それらを課税財産から除外すると公平負担の観点から問題であるため,相続又は遺贈により取得したものとみなして相続税の課税対象とするが,そのような財産を「みなし相続財産」という(相法3)。以下の財産又は権利がみなし相続財産である。

① **生命保険金等**

被相続人の死亡によって相続人その他の者が取得した生命保険契約の保険金又は損害保険契約の保険金のうち,被相続人が負担した保険料に対応する部分の金額は,相続又は遺贈によって取得したものとみなされる(相法3①一)。なお,当該保険金には,一時に支払を受けるもののほか,年金払いのものも含まれる(相基通3－6)。

相続又は遺贈によって取得したものとみなされる金額は,以下の算式で示される。

$$\text{相続により取得したとみなされる金額} = \text{生命保険金又は損害保険金の金額} \times \frac{\text{被相続人が負担した保険料の金額}}{\text{相続開始時までの払込保険料の金額}}$$

この算式の意味するところは,以下の事例をみていくと理解しやすい。

＜事例＞

Aは父親の死亡により5,000万円の死亡保険金を受け取った。当該保険契約に

---

13 金子前掲注8書588頁。

係る保険料1,000万円は、Aの父親が800万円、母親が200万円負担していた。この場合、Aが父親の死亡により取得したとみなされる金額は以下のとおりである。

$$5,000万円 \times \frac{800万円}{800万円 + 200万円} = 4,000万円$$

なお、残りの1,000万円（＝5,000万円－4,000万円）は母親からAへの贈与であるとみなされる（みなし贈与財産、相法5①、相基通3－16）。

② 退職手当金等

　被相続人の死亡によって、相続人その他の者が被相続人に支払われるべき退職手当金、功労金その他これに準ずる給与で、被相続人の死後3年以内に支給が確定しその支給があった場合には、当該給与（退職手当金等）は相続又は遺贈によって取得したものとみなされる（相法3①二）。ただし、当該退職手当金等のうち法定相続人一人につき500万円の非課税枠が認められている（相法12①六）。

　ここでいう退職手当金等は、その名義にかかわらず、実質的に被相続人の退職手当金等として支給される金品（現金及び現物）をいう（相基通3－18）。

　なお、被相続人の死亡により相続人その他の者が弔慰金、花輪代、葬祭料の支給を受けた場合には、それが実質的に上記退職手当金等に該当すると認められる場合を除き、以下の金額について弔慰金等として取り扱い、相続税の課税対象から除外されるが、その金額を超える部分の金額は退職手当金等として取り扱うこととされている（相基通3－20、21）。

イ　被相続人の死亡が業務上の死亡である場合、その雇用主等から受ける弔慰金等のうち、その被相続人の死亡当時における賞与以外の普通給与の3年分に相当する金額

ロ　被相続人の死亡が業務上の死亡でない場合、その雇用主等から受ける弔慰金等のうち、その被相続人の死亡当時における賞与以外の普通給与の6か月分に相当する金額

③ 生命保険契約に関する権利

相続開始時において、まだ保険事故が発生していない生命保険契約で、被相続人が保険料の全部又は一部を負担し、かつ、被相続人以外の者がその生命保険契約の契約者であるものについては、その契約に関する権利のうち、被相続人が負担した保険料の額を基に以下の算式で計算した金額に相当する部分の金額について、その契約者が相続又は遺贈により取得したものとみなされる（相法3①三）。

$$\text{相続により取得したとみなされる金額} = \text{生命保険金契約に関する権利の金額} \times \frac{\text{被相続人が負担した保険料の金額}}{\text{相続開始時までの払込保険料の金額}}$$

なお、この場合、被相続人の遺言によって払い込まれた保険料は、被相続人が負担した保険料とみなされる（相法3③）。

④ 定期金に関する権利

相続開始時において、まだ定期金の給付事由が発生していない郵便年金契約等の定期金給付契約で、被相続人が掛金の全部又は一部を負担し、かつ、被相続人以外の者がその契約者であるものについては、上記③と同様に、その定期金給付契約に関する権利のうち、被相続人が負担した掛金の額を基に以下の算式で計算した金額に相当する部分の金額について、その定期金給付契約の契約者が相続又は遺贈により取得したものとみなされる（相法3①四）。

$$\text{相続により取得したとみなされる金額} = \text{定期金給付契約に関する権利の価額} \times \frac{\text{被相続人が負担した掛金の金額}}{\text{相続開始時までの払込掛金の金額}}$$

⑤ 保証期間付定期金に関する権利

郵便年金契約等の定期金給付契約で、定期金受取人の生存中又は一定期間にわたり定期金を支給し、かつ、一定期間内にその者が死亡したときは、その死

亡後相続人その他の者に引き続いて定期金又は一時金を給付する契約に基づいて，定期金受取人である被相続人の死亡後その定期金又は一時金の受取人となった者について，その定期金又は一時金を受ける権利のうち，以下で計算される被相続人が負担した掛金に対応する部分の金額は，その継続受取人又は一時金受取人が相続又は遺贈により取得したものとみなされる（相法3①五）。

$$\text{相続により取得したとみなされる金額} = \text{定期金給付契約に関する権利の価額} \times \frac{\text{被相続人が負担した掛金の金額}}{\text{相続開始時までの払込掛金の金額}}$$

⑥ 契約に基づかない定期金に関する権利

被相続人の死亡により，相続人その他の者が，定期金に関する権利で契約に基づかないものを取得した場合には，その定期金の給付を受ける権利を取得した者は，その権利を相続又は遺贈により取得したものとみなされる（相法3①六）。

⑦ 特別縁故者への分与財産

民法958条の3の規定により，相続人である権利を主張する者がいない場合において，被相続人と特別の縁故があった者の請求によって家庭裁判所がその者に相続財産の全部又は一部を与えたときは，その与えられた者が，その与えられた時における財産の時価に相当する金額を被相続人から遺贈により取得したものとみなされる（相法4）。

⑧ 低額譲受による利益

遺言により，著しく低い価額の対価で財産が譲渡された場合には，その譲渡を受けた者が対価とその財産の時価との差額に相当する金額を遺贈により取得したものとみなされる（相法7）。

ただし，その譲渡が，譲渡人が資力を喪失して債務を弁済することが困難であるため，その者の扶養義務者から債務の弁済に充てるためになされたもので

あるときは、遺贈によって取得したとみなされる金額のうち、弁済の困難な債務の金額に相当する部分については、みなし相続財産から除外されることとなる（相法7但書）。

⑨　債務免除等による利益

遺言により、対価を支払わないで、又は著しく低い価額の対価で債務の免除、引受け、又は第三者のためにする債務の弁済による利益を受けた場合には、その利益を受けた者が債務の金額（又は対価と債務の金額との差額）に相当する金額を遺贈により取得したものとみなされる（相法8）。

ただし、債務者が資力を喪失して債務を弁済することが困難なときは除外される（相法8但書）。

⑩　その他の利益

遺言によって、対価を支払わないで、又は著しく低い価額の対価で、上記⑧、⑨又は下記⑪による利益以外の利益を受けた場合には、その利益を受けた者がその利益に相当する金額を、その利益を受けさせた者から遺贈により取得したものとみなされる（相法9）。

ただし、その利益を受けた者が資力を喪失して債務を弁済することが困難であるため、その扶養義務者から利益を与えられたものであるときは、遺贈によって取得したとみなされる金額のうち、弁済の困難な債務の金額に相当する部分について除外される（相法9但書）。

⑪　信託財産

平成18年に信託法が制定されたのに対応して、平成19年度の税制改正で、受益者連続型信託の受益者を含め、受益者等の死亡に起因して受益者等が存するに至った場合等において、適正な対価を負担せずに信託の受益者となる者は信託に関する権利ないし利益を遺贈により取得したものとみなされる（相法9の2～9の5）。

＜非課税財産＞

相続税の非課税財産には，相続税法上のもの（下記①～⑦）と租税特別措置法上のもの（下記⑧～⑫）とがある。

① 皇室経済法第7条に基づき，皇位とともに皇嗣が受けたもの（相法12①一）
② 墓所，霊廟及び祭具並びにこれらに準ずるもの（相法12①二）
③ 宗教，慈善，学術その他公益事業を行う者が取得した公益事業用財産（相法12①三）
④ 個人立幼稚園等の教育用財産（相令附則④）
⑤ 精神又は心身障害者共済制度に基づく給付金を受ける権利（相法12①四）
⑥ 相続人の取得した生命保険金等の合計額のうちの一定の金額（相法12①五）

　これはいわゆる法定相続人一人当たり500万円の非課税枠（保険金の非課税限度額）を指す。具体的には以下のとおりとなる。
　イ　被相続人のすべての相続人が取得した死亡保険金の合計額が「保険金の非課税限度額（500万円×法定相続人の数）」以下である場合，その相続人の取得した死亡保険金の金額
　ロ　被相続人のすべての相続人が取得した死亡保険金の合計額が「保険金の非課税限度額（500万円×法定相続人の数）」を超える場合，以下の算式で計算される金額

$$\text{保険金の非課税限度額} \times \frac{\text{その相続人の取得した死亡保険金の合計額}}{\text{被相続人のすべての相続人が取得した死亡保険金の合計額}}$$

　生命保険の非課税限度額は俗に「第二の基礎控除」とも称されており，「第一の」基礎控除が引き下げられる中，有効に活用したい非課税枠である。
⑦ 相続人の取得した退職手当金等の合計額のうちの一定の金額（相法12①六）

これはいわゆる法定相続人一人当たり500万円の非課税枠（退職手当金等の非課税限度額）を指す。具体的には以下のとおりとなる。

イ　被相続人のすべての相続人が取得した死亡退職金の合計額が「退職手当金等の非課税限度額（500万円×法定相続人の数）」以下である場合，その相続人の取得した死亡退職金の金額

ロ　被相続人のすべての相続人が取得した死亡退職金の合計額が「退職手当金等の非課税限度額（500万円×法定相続人の数）」を超える場合，以下の算式で計算される金額

$$退職手当金等の非課税限度額 \times \frac{その相続人の取得した死亡退職手当金等の合計額}{被相続人のすべての相続人が取得した死亡退職手当金等の合計額}$$

⑧　国等に対して相続財産を贈与した場合の相続税の非課税（措法70）
⑨　特定公益信託に係る相続税の非課税（措法70③）
⑩　特定非営利活動法人のうち認定NPO法人に対して相続財産を贈与等した場合の相続税の非課税（措法70⑩）

(5)　課税価格の計算

課税価格の計算は以下のステップに従って行う。

①　被相続人のすべての財産（課税財産）を合計する（相法11の2）。
②　相続開始3年以内の贈与財産を加算する（相法19）。その際，特定贈与財産（贈与税の配偶者控除を受けた婚姻期間が20年以上の夫婦間の居住用不動産又は金銭の贈与，相法19②）及び非課税財産（相法12）は加算する必要がない。
③　被相続人の借入金や葬式費用等の債務控除を行う（相法13）。ただし，控除すべき債務は確実と認められるものに限られる（相法14①）。
④　遺産に係る基礎控除額の控除を行い（相法15），課税遺産総額を求める。平成25年度の税制改正に伴い，平成27年1月1日以降に発生する相続に係る

相続税の基礎控除額は以下のとおりとなっている。

> 遺産に係る基礎控除額＝3,000万円＋600万円×法定相続人の数

なお，被相続人に養子がいる場合には，上記算式中の「法定相続人の数」は以下のとおり制限される（相法15②）。

イ　実子がある場合又は実子がなく養子の数が１人である場合は，被相続人の養子のうち１人を法定相続人の数に含める。

ロ　実子がない場合は，被相続人の養子のうち２人を法定相続人の数に含める。

さらに，上記規定により養子を法定相続人の数に算入することが，相続税の負担を不当に減少させる結果となると認められる場合には，税務署長はその認めるところにより，養子の数を法定相続人の数に算入しないで相続税の課税価格等を計算することができるとされている（相法63）。

これは，昭和63年の税制改正で導入された措置で，当時，被相続人（父）と相続人（息子）の支配下にあり，かつ，氏の変更を伴わない息子の妻や孫，孫の妻を被相続人の養子とし，法定相続人を増加させることにより，相続税の負担を減少させる租税回避行為が少なからずみられたことへの対抗措置であったとされる[14]。

⑤　課税遺産総額を一旦法定相続分で取得したと仮定して，各人の取得金額を求める（相法16）。

⑥　各人の取得金額に税率を適用して各人の相続税額を求める（相法16）。

⑦　上記⑥の各人の相続税額を合計し，その金額を実際の取得割合に応じて各人の納税額を求める（相法17）。その際，取得者のうち被相続人の一親等の血族及び配偶者以外の者がいる場合には，その者の相続税額にその２割相当額が加算される（相続税の２割加算，相法18①）。

14　大蔵省編『昭和63年度改正税法のすべて』458頁。政府税制調査会に提出された資料によれば，中には，相続開始１日前に相続人たる息子の妻５人を被相続人の養子にした事例や，相続開始１週間前に相続人の配偶者や孫10人を被相続人の養子にした事例など，明らかに異常なケースもあったという。

なお,平成15年度の税制改正により,一親等の血族であっても,養子となった孫は2割加算の対象とされた(相法18②)。

⑧ 各人の納税額から贈与税額の控除(相法19),配偶者に対する相続税額の軽減(相法19の2),未成年者控除(相法19の3),障害者控除(相法19の4),相次相続控除(相法20),在外財産に対する相続税額の控除(相法20の2)を適用して,各人の実際の納税額を求める。

(6) 税額の計算

相続税法の改正前後の相続税の税率表は9頁のとおりであり,それに基づいて計算される改正前後の相続税額の違いは以下の表のとおりとなる。

○相続税法の改正前後の相続税額の違い(相続人に配偶者がいる場合・早見表)

課税価格の合計額	相続人が配偶者と子一人の場合			相続人が配偶者と子二人の場合		
	改正前	改正後	増減額	改正前	改正後	増減額
5,000万円	0	40万円	40万円	0	10万円	10万円
1億円	175万円	385万円	210万円	100万円	315万円	215万円
2億円	1,250万円	1,670万円	420万円	950万円	1,350万円	400万円
3億円	2,900万円	3,460万円	560万円	2,300万円	2,860万円	560万円
4億円	4,900万円	5,460万円	560万円	4,050万円	4,610万円	560万円
5億円	6,900万円	7,605万円	705万円	5,850万円	6,555万円	705万円
6億円	8,900万円	9,855万円	955万円	7,850万円	8,680万円	830万円
7億円	11,050万円	12,250万円	1,200万円	9,900万円	10,870万円	970万円
8億円	13,550万円	14,750万円	1,200万円	12,150万円	13,120万円	970万円
9億円	16,050万円	17,250万円	1,200万円	14,400万円	15,435万円	1,035万円
10億円	18,550万円	19,750万円	1,200万円	16,650万円	17,810万円	1,160万円

(注) 各相続人が法定相続分で相続財産を取得したものとし,配偶者の税額軽減特例の適用があるものとして計算している。

○相続税法の改正前後の相続税額の違い（相続人に配偶者がいない場合・早見表）

課税価格の合計額	相続人が子一人の場合			相続人が子二人の場合		
	改正前	改正後	増減額	改正前	改正後	増減額
5,000万円	0	160万円	160万円	0	80万円	80万円
1億円	600万円	1,220万円	620万円	350万円	770万円	420万円
2億円	3,900万円	4,860万円	960万円	2,500万円	3,340万円	840万円
3億円	7,900万円	9,180万円	1,280万円	5,800万円	6,920万円	1,120万円
4億円	12,300万円	14,000万円	1,700万円	9,800万円	10,920万円	1,120万円
5億円	17,300万円	19,000万円	1,700万円	13,800万円	15,210万円	1,410万円
6億円	22,300万円	24,000万円	1,700万円	17,800万円	19,710万円	1,910万円
7億円	27,300万円	29,320万円	2,020万円	22,100万円	24,500万円	2,400万円
8億円	32,300万円	34,820万円	2,520万円	27,100万円	29,500万円	2,400万円
9億円	37,300万円	40,320万円	3,020万円	32,100万円	34,500万円	2,400万円
10億円	42,300万円	45,820万円	3,520万円	37,100万円	39,500万円	2,400万円

（注）各相続人が法定相続分で相続財産を取得したものとして計算している。

(7) 税額計算の例

以下の事例で相続税の税額計算を確認してみる。

＜事例＞

- 被相続人が平成27年4月1日に亡くなった。
- 被相続人の財産は金融資産が1億円，不動産が1億円（小規模宅地の特例適用後の評価額），動産等1,500万円及び生命保険金（死亡保険金）が5,000万円の合計であった。借入金等債務の金額はないものとする。
- 相続人は被相続人の妻，長男及び長女の三人であった。
- 妻は不動産と動産等，長男は金融資産を相続し，長女は生命保険金を取得した。

＜相続税の計算＞

① 遺産総額の算出

　　遺産総額 = 1億円 + 1億円 + 1,500万円 +（5,000万円 − 500万円 × 3人）
　　　　　　= 2億5,000万円

　　　　　　　　　　　　　　　　　　　　　　　保険金の非課税限度額

② 課税遺産総額の算出

　　課税遺産総額 = 2億5,000万円 −（3,000万円 + 600万円 × 3人）
　　　　　　　　= 2億200万円

　　　　　　　　　　　　　　　　　　　基礎控除額

③ 法定相続分に応じた取得価額の算出

　　2億200万円 × | 妻（配偶者）：2分の1 | = 1億100万円
　　　　　　　　| 長男：4分の1　　　　 | = 5,050万円
　　　　　　　　| 長女：4分の1　　　　 | = 5,050万円

④ 各人の相続税額の算出

　　妻（配偶者）：1億100万円 × 40% − 1,700万円 = 2,340万円

　　長男：5,050万円 × 30% − 700万円 = 815万円

　　長女：5,050万円 × 30% − 700万円 = 815万円

　　相続税総額 = 2,340万円 + 815万円 × 2 = 3,970万円

⑤ 各人の取得割合

　　課税価格の総額 = 1億円 + 1億円 + 1,500万円 + 3,500万円 = 2億5,000万円

　　妻（配偶者）：（1億円 + 1,500万円）÷ 2億5,000万円 = 46%

　　長男：1億円 ÷ 2億5,000万円 = 40%

　　長女：3,500万円 ÷ 2億5,000万円 = 14%

⑥ 実際の取得割合で相続税額を各人に割り振って納税額を算出

3,970万円 × { 妻（配偶者）：46％ = 1,826.2万円 ⇒ 配偶者控除の適用によりゼロ
　　　　　　　長男：40％ = 1,588万円
　　　　　　　長女：14％ = 555.8万円 }

(8) 延滞税をめぐる最高裁判決

相続税の財産評価に関連し，最近延滞税の計算方法についての注目すべき最高裁判決（最高裁平成26年12月12日判決・裁判所HP最高裁判所判例集）がでたので，以下で紹介する。

＜事案の概要＞

① 納税者が相続税を法定納期限内に申告及び納付した。
② その後当初申告に係る相続税の納税額が過大であるとして，更正の請求を行った。
③ 税務署長は当該更正の請求に対し，相続財産の評価誤りを理由に減額更正処分を行った。その際，税務署長は還付加算金を加えて過納金を還付した。
④ ところが，その後税務署長は更に，相続財産の評価誤りを理由に，増額の更正処分を行った。ただし，当該増額更正処分による相続税の納税額は，当初申告の金額より低いものであった。
⑤ 当該増額更正処分により，税務署長は，相続税の法定納期限の翌日から増額の再更正により納付すべき本税の納期限までの期間について，延滞税を課した。

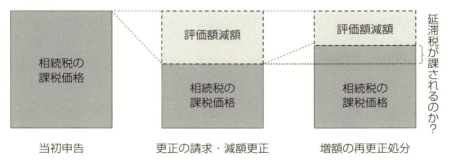

上記事例につき，最高裁は，国税通則法第60条第1項第2号において延滞税の発生が予定されている「延滞」とは，納付の不履行により未納付の国税がある場合当該国税を意味するのであるから，本件に関し相続税の法定納期限の翌日から増額の再更正により納付すべき本税の納期限までの期間については，「納付の不履行による未納付の国税」が存在しないため，当該増額更正処分により税務署長が行った延滞税の賦課処分は違法であるとした。すなわち，課税庁が減額更正により過大に還付したことに起因して生じた，納税者の責に帰することのできない「未納付」部分については，延滞税は課されないという，至極真っ当な判断である[15]。

当該判決に伴い，国税庁は，当初の申告額に満たないア．増額の再更正処分，又は，イ．税務調査に基づく修正申告がなされた過去の事案[16]については，それにより納付された本税に対する延滞税を再計算し，過納付となっている延滞税について還付手続を行うこととした（平成27年1月国税庁「最高裁判所判決に基づく延滞税計算の概要等について」参照）。

また，今後当該事例と同様の事案が生じた場合には，当然最高裁の判断に基づき延滞税を計算することとなる。

(9) 遺産が未分割の場合

遺産に関して相続人間の主張に隔たりがあり，申告期限までに遺産分割協議が調わないケースも少なくない。しかも，司法統計によれば，調停が成立した遺産分割事件のうち，総遺産価額が5,000万円以下の事案が実に4分の3を占めており，相続税の基礎控除引下げにより新たに納税者となる相続人について，申告期限までに遺産分割協議が調わないケースが増加することが想定されるところである。

---

15 もっとも，判決文には，減額更正・還付後，増額更正までの期間については，延滞税を課すべきという小貫芳信裁判官意見も付されている。

16 還付請求権の消滅時効が完成する前の過去5年間（平成21年12月12日以後）に納付された延滞税が対象となる。

○遺産分割事件のうち認容・調停成立件数（平成25年）

遺産の価額	件　数	割　合
1,000万円以下	2,894件	32.3%
5,000万円以下	3,827件	42.8%
1億円以下	1,076件	12.0%
5億円以下	557件	6.2%
5億円超	51件	0.6%
金額不詳	546件	6.1%
合計	8,951件	100.0%

（出典）　平成25年度司法統計（家事）第52表。

　その場合留意すべきは，申告期限まで相続財産が未分割のときには，配偶者に対する相続税額の軽減（相法19の2）や小規模宅地等についての相続税の課税価格の計算の特例（措法69の4）といった，相続税負担の軽減措置の適用が受けられないという点である。

　未分割の場合，相続税の申告については，各相続人が法定相続分で財産を取得したものとして税額等を計算することとなる。このとき，近い将来上記軽減措置の適用を受けることを見越して，「申告期限後3年以内の分割見込書」を提出することが重要である。当該見込書の記載例は次頁のとおりである。

　また，軽減措置の適用期限は申告期限から3年以内であるが（相法19の2②など），未分割であることにつき政令で規定するやむを得ない事情があるときには，税務署長の承認を条件に，分割ができることとなった日から4か月以内に分割を行えばよいこととなる（相法19の2②，相令4の2など）。この税務署長の承認を受けるためには，申告期限後3年を経過する日の翌日から2か月を経過する日までに，「遺産が未分割であることについてやむを得ない事由がある旨の承認申請書」を提出する必要がある。当該申請書の記載例は47頁のとおりである。

通信日付印の年月日	確認印		番　号
年　月　日			

被相続人の氏名　　　　Ａ

申告期限後3年以内の分割見込書

　相続税の申告書「第11表（相続税がかかる財産の明細書）」に記載されている財産のうち、まだ分割されていない財産については、申告書の提出期限後3年以内に分割する見込みです。

　なお、分割されていない理由及び分割の見込みの詳細は、次のとおりです。

　1　分割されていない理由

　　家庭裁判所に対して調停を申し立てたため。

　2　分割の見込みの詳細

　　調停が成立し次第 分割される見込みである

　3　適用を受けようとする特例等

　　⑴　配偶者に対する相続税額の軽減（相続税法第19条の2第1項）
　　⑵　小規模宅地等についての相続税の課税価格の計算の特例
　　　（租税特別措置法第69条の4第1項）
　　⑶　特定計画山林についての相続税の課税価格の計算の特例
　　　（租税特別措置法第69条の5第1項）
　　⑷　特定事業用資産についての相続税の課税価格の計算の特例
　　　（所得税法等の一部を改正する法律（平成21年法律第13号）による改正前の租税特別措置法第69条の5第1項）

（資4-21-A4統一）

③ 相続税の基礎知識　47

通信日付印の年月日	確認印	番　号
年　月　日		

遺産が未分割であることについてやむを得ない事由がある旨の承認申請書

名簿番号

税務署受付印　　渋谷　税務署長　　　　27年10月1日提出

〒151-0073
住所（居所）　渋谷区笹塚4-1-1
申請者氏名　川村 一郎　㊞　電話 03-3370-××××

遺産の分割後、
- 配偶者に対する相続税額の軽減（相続税法第19条の2第1項）
- 小規模宅地等についての相続税の課税価格の計算の特例（租税特別措置法第69条の4第1項）
- 特定計画山林についての相続税の課税価格の計算の特例（租税特別措置法第69条の5第1項）
- 特定事業用資産についての相続税の課税価格の計算の特例（所得税法等の一部を改正する法律（平成21年法律第13号）による改正前の租税特別措置法第69条の5第1項）

の適用を受けたいので、遺産が未分割であることについて、

- 相続税法施行令第4条の2第2項
- 租税特別措置法施行令第40条の2第16項又は第18項
- 租税特別措置法施行令第40条の2の2第8項又は第10項
- 租税特別措置法施行令等の一部を改正する政令（平成21年政令第108号）による改正前の租税特別措置法施行令第40条の2の2第19項又は第22項

に規定するやむを得ない事由がある旨の承認申請をいたします。

1　被相続人の住所・氏名　　住所　渋谷区本町1-1-×　　氏名　川村 太郎
2　被相続人の相続開始の日　　平成23年12月10日
3　相続税の申告書を提出した日　　平成24年9月18日
4　遺産が未分割であることについてのやむを得ない事由

　　家庭裁判所における調停が不調に終わり、訴訟となったため。

（注）やむを得ない事由に応じてこの申請書に添付すべき書類
① 相続又は遺贈に関し訴えの提起がなされていることを証する書類
② 相続又は遺贈に関し和解、調停又は審判の申立てがされていることを証する書類
③ 相続又は遺贈に関し遺産分割の禁止、相続の承認若しくは放棄の期間が伸長されていることを証する書類
④ ①から③までの書類以外の書類で財産の分割がされなかった場合におけるその事情の明細を記載した書類

○ 相続人等申請者の住所・氏名

住所（居所）	氏　名	続柄
渋谷区笹塚4-1-1	川村 一郎　㊞	長男
杉並区和泉5-1-1	川村 次郎　㊞	次男
品川区大井1-1-1	山田 花子　㊞	長女
	㊞	

○ 相続人等の代表者の指定　　代表者の氏名　　川村 一郎

関与税理士	㊞	電話番号	

（資4－22－1－A4統一）

4 贈与税の基礎知識

(1) 贈与税の意義

贈与税は、贈与によって財産が個人間において移転する機会に、その財産に対して課される租税であり、相続税の補完税であると解されている[17]。贈与税が相続税の補完税であるということの意味は、相続税のみで贈与税がない場合、生前贈与により相続税の課税が容易に回避することができるため、相続税課税の実効性を高めるためであると考えられる。実際、前述のとおりイギリスにおいては1974年まで[18]相続税のみで贈与税がなかったため、生前贈与による相続税の「無力化」が問題となっていたところである。

○相続税と贈与税の関係（補完関係）

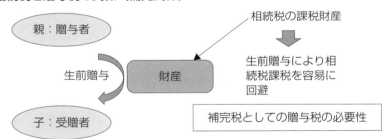

贈与税は、贈与によって財産が個人間において移転する機会に課される租税であるため、当然のことながら（民法上の）「贈与の有無」が問われることとなる（みなし贈与を除く）。相続税の調査においては名義財産をめぐるケース

---

17 金子前掲注8書607頁。
18 イギリスは1894年に遺産税（Estate Tax）を導入したが、死亡前7年以内の贈与を除き原則として生前贈与は非課税であった。1974年に資産移転税（Capital Transfer Tax）が導入され、生前贈与も課税対象に組み込まれたのち、1986年に現行の相続税（Inheritance Tax）となり、生前贈与は死亡前7年間に係る贈与額の累積課税となった。

が少なくないが、これは基本的に贈与の有無の認定が問題となっており、裁判例も多数あるが、一般原則と呼ぶべき事項の抽出がなかなか困難である。金子宏名誉教授の言われるとおり、「贈与の有無は、個別の事案ごとに、その具体的事実関係に即して判断するほかない。」[19]と言えよう。

(2) 贈与税の納税義務

＜贈与税の納税義務者＞

贈与税の納税義務者は、贈与（死因贈与を除く：死因贈与については相続税が課される、相法1の3一）によって財産を取得した個人である[20]。ここでいう納税義務者である「個人」であるが、相続税の場合と同様に、住所を日本国内に有するか否かによって無制限納税義務者及び制限納税義務者の二種類がある（相法1の4、2の2）。

このうち「無制限納税義務者」は、更に居住無制限納税義務者と非居住無制限納税義務者とに分けられる。「居住無制限納税義務者」とは、贈与により財産を取得した個人で、財産取得の時点において日本国内に住所を有する者をいう（相法1の4①一、2の2①）。

一方、「非居住無制限納税義務者」とは、贈与により財産を取得した個人で、財産取得の時点において日本国内に住所を有しない者のうち一定の者をいう（相法1の4①二、2の2①）。この「一定の者」とは2種類存在する。

第一に贈与により財産を取得した個人が財産取得のとき日本国籍を有し、かつ、その財産の取得者又は贈与者が当該贈与前5年以内に日本国内に住所を有したことがある場合の、その者をいう（相法1の4①二イ）。これはいわゆる「武富士事件（最高裁平成23年2月18日判決・判時2111号3頁）」のように、贈与税の負担を免れるため、受贈者の住所を国外に移転させる租税回避を封じ込めるための規定であると考えられる。

---

19 金子前掲注8書610頁。
20 アメリカのように遺産税の体系に属する租税制度を持つ国では、財産を贈与した側に贈与税が課される。

○武富士事件

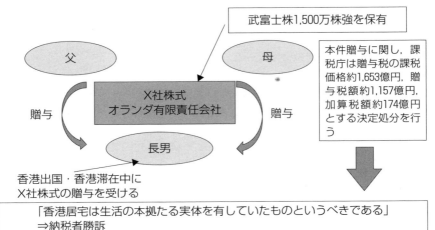

　第二に、贈与により財産を取得した個人で財産取得のとき日本国籍を有していないが、贈与者が当該贈与時において日本国内に住所を有していた場合の、その者をいう（相法1の4①二ロ）。当該第二の者は、平成25年度の税制改正で新たに国外財産に関する贈与税の納税義務者とされた者である（平成25年4月1日以後の贈与について適用）。

　また、制限納税義務者とは、贈与により財産を取得した個人で、財産取得の時点において日本国内に住所を有しない者のうち、上記「非居住無制限納税義務者」の該当しない者をいう（相法1の4①三、2の2②）。

＜納税義務者別の贈与税の課税範囲＞

　無制限納税義務者及び制限納税義務者に係る贈与税の課税財産の範囲は、次頁の表のとおりとなる。

○贈与税の納税義務者と課税財産の範囲

納税義務者の区分		課税財産の範囲	
		国内財産	国外財産
無制限納税義務者	居住無制限納税義務者	課税	課税
	非居住無制限納税義務者	課税	課税
制限納税義務者		課税	課税対象外

　上記より，ともに無制限納税義務者である居住無制限納税義務者と非居住無制限納税義務者の納税義務に差はなく，国内財産のみならず国外財産も課税されることが分かる。また，制限納税義務者は国内財産にのみ課税される。納税義務者に関しては，贈与税は相続税の規定に準拠しているといえる。

　また，上記表に関連し，贈与の当事者（贈与者及び受贈者）の国籍・居住形態と贈与税の課税関係を整理すると，以下のようになる。

○贈与の当事者の国籍・居住形態と贈与税

贈与者 ＼ 受贈者		贈与時に国内に住所あり	贈与時に国内に住所なし		
			日本国籍あり		日本国籍なし
			5年以内国内に住所あり	5年超国内に住所なし	（平成25年度税制改正で国外財産も課税に！）
贈与時に国内に住所あり		国内財産・国外財産ともに課税			国内財産・国外財産ともに課税
贈与時に国内に住所なし	5年以内国内に住所あり	国内財産・国外財産ともに課税			国内財産のみ課税
	5年超国内に住所なし	国内財産・国外財産ともに課税	国内財産のみ課税		

　なお，贈与税の国内財産の意義（相法10）について，興味深い裁判例がある。それは，日本在住の父親が自らの銀行口座から外国在住で非居住者の子供の現地銀行口座へ送金した場合，送金前に父親と子供との間で贈与に関する意思の

合致があったと認められるときは，日本国内にある財産の贈与であるとされた事例である（東京高裁平成14年9月18日判決・訟月50巻11号3335頁）。民法上の贈与の要件の成就があったかどうかに即した判断であると評価できるものと考えられる。

＜納税義務の成立＞

 国税通則法によれば，贈与税の納税義務は贈与による財産の取得の時に成立する（通法15②五）。ただし実務上は，財産の取得時点が果たしていつであったのが争われる事案が多く，名義財産の問題においてもこの点が重要である。この点に関しては，民法の規定に基づき，贈与が書面によってなされたか否かにより以下のように分かれるものと考えられる。

① 書面による贈与

 書面による贈与の場合は，「契約の効力が発生した時点」が財産の取得の時であると解される[21]。

② 書面によらない贈与

 書面によらない贈与の場合は，「贈与の履行の終了の時点」が財産の取得の時であると解される。これは，書面によらない贈与は，民法上，その履行が終わるまでは契約当事者が自由に取り消すことができるため（民法550，もっとも当事者のうち受贈者が取り消すケースは稀であろう），贈与の履行があるまでは法律関係が不安定であることから，履行が終了し法律関係が安定する時点をとらえて贈与税の納税義務が成立すると解するのが妥当と考えられるためである[22]。

 書面によらない贈与の場合には，その履行の時（不動産の引渡し又は所有権移転登記がされた時）に贈与による財産取得があったと見るべきであるとされた裁判例として，以下の名古屋地裁平成10年9月11日判決・訟月46巻6号3042頁（その控訴審名古屋高裁平成10年12月25日判決・訟月46巻6号3041頁も同旨）があるので，参考までに示しておく。

---

21 金子前掲注8書609頁。
22 金子前掲注8書609頁。

「以上の事実からすると，本件公正証書は，将来原告が帰化申請する際に，本件不動産を原告に贈与しても，贈与税の負担がかからないようにするためにのみ作成されたのであって，A（原告の親で贈与者）に本件公正証書の記載どおりに本件不動産を贈与する意思はなかったものと認められる。他方，原告は，本件公正証書は，将来，本件不動産を原告に贈与することを明らかにした文書にすぎないという程度の認識しか有しておらず，本件公正証書作成時に本件不動産の贈与を受けたという認識は有していなかったものと認められる。

よって，本件公正証書によって，Aから原告に対する書面による贈与がなされたものとは認められない。」

「そうすると，Aが，原告に対し，本件不動産を贈与したのは，書面によらない贈与によるものということになるが，書面によらない贈与の場合にはその履行の時に贈与による財産取得があったと見るべきである。そして，不動産が贈与された場合には，不動産の引渡し又は所有権移転登記がなされたときにその履行があったと解されるところ，本件においては，既に判示したように，原告は本件不動産に従前から居住しており，本件証拠上，本件登記手続よりも前に，本件不動産の贈与に基づき本件不動産の引渡しを受けたというような事情は認められないから，本件登記手続がなされたときをもって本件不動産の贈与に基づく履行があり，その時点で原告は，本件不動産を贈与に基づき取得したと見るべきである（下線は筆者）。」

(3) 贈与税の課税物件

贈与税の課税物件は，贈与によって受贈者が取得した財産（贈与財産）である。贈与財産は，原則として財産権の対象となる一切の物及び権利が含まれると解されている[23]。

23　金子前掲注8書609頁。

(4) 贈与税の非課税財産

贈与税の課税物件は上記（3）が原則であるが，以下の財産等は非課税財産として贈与税の課税対象から除外されている（相法21の3①）。

① 法人からの贈与により取得した財産（所得税（一時所得）の課税対象となる，所基通34－1（5）参照）
② 扶養義務者相互間において生活費・教育費に充てるために贈与された財産
　親が子供のために負担する教育費は原則として非課税であるが，前払いで巨額の資金を贈与する等の場合には，贈与税の課税対象となる可能性がある。この点について明確化したのが以下の（5）に掲げる「教育資金の一括贈与に係る贈与税の非課税措置」である。
③ 宗教，学術その他公益を目的とする事業を行う者が贈与を受けた財産で，当該公益を目的とする事業の用に供されることが確実なもの
　ただし，その財産の取得後2年以内に公益目的の事業の用に供していない場合は，贈与税が課される（相法21の3②）。
④ 特定公益信託から交付される金品で財務大臣の指定するものなど
⑤ 地方公共団体が実施する共済制度で政令に定めるものに基づいて支給される給付金を受ける権利
⑥ 公職の候補者が選挙運動に関し贈与された金銭その他の財産

(5) 教育資金の一括贈与に係る贈与税の非課税措置

また贈与税に関しては，平成25年度の税制改正で，「教育資金の一括贈与に係る贈与税の非課税措置」が時限措置として導入された（措法70の2の2）。

これは，平成25年4月1日から平成27年12月31日までの間に，祖父母などの直系尊属（贈与者）から30歳未満の個人（受贈者）に対し，教育資金に充てるため金融機関等との一定の契約に基づき，

① 信託受益権が付与された場合
② 書面による贈与により取得した金銭を金融機関に預け入れた場合

③ 書面による贈与により取得した金銭により証券会社等で有価証券を購入した場合（上記①〜③を「教育資金口座の開設等」という）

には，当該信託受益権又は金銭等の価額のうち1,500万円までは，金融機関等の営業所等を通じて「教育資金非課税申告書」を提出することで，贈与税が非課税となる措置である。

この制度の概念図を示すと以下のとおりである。

○制度の概要

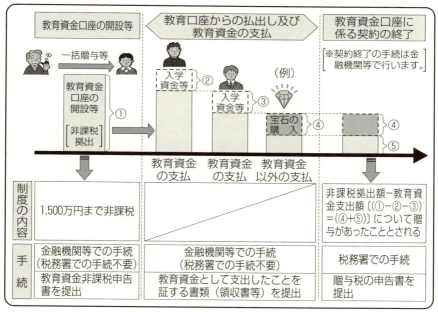

（出典）　国税庁「直系尊属から教育資金の一括贈与を受けた場合の贈与税の非課税に関するQ&A」（平成25年4月）5頁。

直系尊属から教育資金の一括贈与を受けた場合の贈与税の非課税規定における「教育資金」の意義は，以下のようになる（措法70の2の2②一，措令40の4の3⑥）。

＜学校等に対して直接支払われる以下のような金銭＞
イ　入学金，授業料，入園料，保育料，施設設備費又は入学・入園の検定料
ロ　学用品，修学旅行費，学校給食費など学校等における教育に伴って必要な費用

＜学校等以外に対して直接支払われる以下のような金銭で社会通念上相当と認められるもの＞
ハ　教育（学習塾やそろばんなど）に対する役務提供の対価や施設の使用料など
ニ　スポーツ（水泳や野球など）又は文化芸術に関する活動（ピアノや絵画など）その他教養の向上のための活動に係る指導への対価
ホ　上記ハ及びニで使用する物品の購入に要する金銭
ヘ　上記ロに充てるための金銭で，学校等が必要と認めたもの

　ここで留意すべきは，上記「学校等以外に対して直接支払われる金銭」は500万円が非課税限度額であり，かつ1,500万円の非課税限度額の「内数」であることである（措法70の2の2⑪）。

　なお，教育資金として利用したことを証明するため，受贈者は学校の領収書などを金融機関等に提出する必要がある（措法70の2の2⑦）。

　教育資金贈与信託の受託状況は次頁の表のとおりで，平成26年12月末現在で契約件数が10万1,866件，信託財産設定額が6,973億円といずれも前年同期の約2倍にまで増加している。

○教育資金贈与信託の受託状況

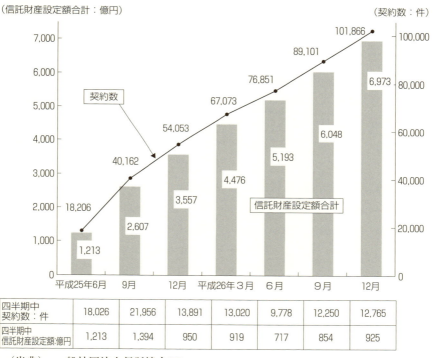

（出典） 一般社団法人信託協会HP。

＜平成27年度税制改正＞

上記統計で分かるように，教育資金の一括贈与に係る贈与税の非課税措置は増加傾向が衰えることなく活発に利用されており，制度の延長を望む声が小さくなかった。これを受けて，平成27年度の税制改正で当該非課税措置が平成31年3月31日まで延長されている。

(6) 結婚・子育て資金の一括贈与に係る贈与税の非課税措置

平成27年度の税制改正では，「教育資金の一括贈与に係る贈与税の非課税措置」の延長に加え，新たに「結婚・子育て資金の一括贈与に係る贈与税の非課

税措置」が導入された。

　これは，平成27年4月1日から平成31年3月31日までの間に，20歳以上50歳未満の個人（受贈者）の結婚・子育て資金の支払いに充てるため，その直系尊属（贈与者）が金銭を拠出し，信託銀行等の金融機関に信託等を行った場合には，信託受益権の価額又は拠出された金銭等の額のうち受贈者1人につき1,000万円（結婚に際して支出する費用については300万円が限度）までの金額に相当する部分の価額については，贈与税が課税されないというものである。

　ここでいう「結婚・子育て資金」とは，以下の費用に充てるための金銭をいう。

① 結婚に際して支出する婚礼（結婚披露宴を含む）に要する費用，住居に要する費用及び引越しに要する費用のうち一定のもの
② 妊娠に要する費用，出産に要する費用，子の医療費及び子の保育料のうち一定のもの

○結婚・子育て資金の一括贈与に係る贈与税の非課税措置

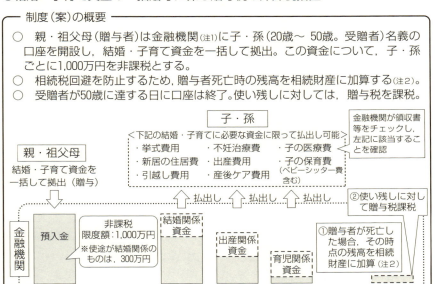

── 制度（案）の概要 ──
○ 親・祖父母（贈与者）は金融機関(注1)に子・孫（20歳～50歳。受贈者）名義の口座を開設し、結婚・子育て資金を一括して拠出。この資金について、子・孫ごとに1,000万円を非課税とする。
○ 相続税回避を防止するため、贈与者死亡時の残高を相続財産に加算する(注2)。
○ 受贈者が50歳に達する日に口座は終了。使い残しに対しては、贈与税を課税。

（注）1 金融機関とは、信託銀行、銀行及び証券会社をいう。
　　　2 相続税の計算をする場合、孫等への遺贈に係る相続税額の2割加算の対象としない。
（出典）首相官邸資料3－3。

受贈者は、当該制度の適用に際し、その適用を受けようとする旨等を記載した非課税申告書を、金融機関を経由して所轄税務署長に提出する必要がある。

<結婚・子育て資金管理契約の終了>

以下の事由に該当した場合には、結婚・子育て資金管理に関する契約（結婚・子育て資金管理契約）は終了する。
イ　受贈者が50歳に達したとき
ロ　受贈者が死亡したとき
ハ　信託財産等の価額がゼロとなった場合において終了の合意があったとき
　なお、上記イ又はハに該当したため、結婚・子育て資金管理契約が終了した

場合において，拠出額の残額があるときには，受贈者に贈与税が課される。一方，ロに該当するときには，受贈者には贈与税は課されない（贈与者の取扱いは，後述「期間中に贈与者が死亡した場合」参照）。

＜終了時の取扱い＞

結婚・子育て資金管理契約の終了時において，金融機関は，

イ　当該制度の適用を受けて信託等がなされた金銭等の合計金額

ロ　結婚・子育て資金管理契約の期間中に結婚・子育て資金として払い出した金額の合計金額（結婚に際して支出する費用については300万円まで）

ハ　その他の事項

を記載した「調書」を受贈者の所轄税務署長に提出する必要がある。

＜期間中に贈与者が死亡した場合＞

信託等がなされた日から結婚・子育て資金管理契約の終了の日までの間に贈与者が死亡した場合には，当該死亡の日における拠出額の残額について，受贈者が贈与者から相続又は遺贈により取得したものとみなして，贈与者の死亡に係る相続税の課税価格に算入されることとなる。この点について，(5)で説明した「教育資金の一括贈与に係る贈与税の非課税措置」とは異なることに留意すべきであろう。

なお，この場合，当該残額に対応する相続税額については，相続税額の2割加算（相法18①）の対象とはならない。

(7) 住宅資金贈与の特例

直系尊属から住宅取得等資金の贈与を受けた場合，次頁の表の金額を限度として贈与税が非課税となる制度がある。

○消費税率10%[24]が適用される住宅用家屋の取得等の場合

住宅用家屋の取得等に係る契約の締結期間	良質な住宅用家屋	左記以外
平成28年10月1日～平成29年9月30日	3,000万円	2,500万円
平成29年10月1日～平成30年9月30日	1,500万円	1,000万円
平成30年10月1日～平成31年6月30日	1,200万円	700万円

○上記表該当以外の住宅用家屋の取得等の場合

住宅用家屋の取得等に係る契約の締結期間	良質な住宅用家屋	左記以外
平成27年1月1日～平成27年12月31日	1,500万円	1,000万円
平成28年1月1日～平成29年9月30日	1,200万円	700万円
平成29年10月1日～平成30年9月30日	1,000万円	500万円
平成30年10月1日～平成31年6月30日	800万円	300万円

上記表中の「良質な住宅用家屋」とは，省エネルギー対策等級4（平成27年4月以降は断熱等性能等級4）又は耐震等級2以上，もしくは免震建築物に該当する住宅用家屋等をいう。

(8) みなし贈与財産

民法上の贈与により取得したとはいえないものの，贈与により取得したと同等の経済的実質があると考えられる以下のような財産又は権利については，相続税におけるみなし相続財産と同様の趣旨で，公平負担の見地から，贈与により取得したものとみなして贈与税が課されるが，これをみなし贈与財産という[25]。

① 信託受益権

信託の効力が生じた場合において，適正な対価を負担せずに信託の受益者等となる者は，その信託の効力が生じたときに信託に関する権利を信託の委託者

---

24 平成29年4月1日から税率10%となる予定である。税率引上げによる「駆け込み需要」対策として，建築請負契約等の経過措置の適用がない平成28年10月1日から平成29年9月30日までの期間については，贈与税の非課税限度額を一時的に引き上げている。

25 金子前掲注8書610頁。

から贈与により取得したものとみなされる（相法9の2①）。

また，特別障害者が，自らを受益者とする特定障害者扶養信託契約に基づいて財産の信託がなされ，その利益を受ける権利を有する場合には，その信託受益権のうち一定部分は贈与税の課税対象から除かれる（相法21の4）。

② 保険金

生命保険契約又は損害保険契約の保険事故が発生した場合で，その契約に係る保険料の全部又は一部が保険金受取人以外の者によって負担されたときには，保険金受取人が取得した保険金のうち，保険金受取人以外の者が負担した保険料に対応する部分の金額は，当該保険金受取人が保険事故発生時に保険料負担者から贈与によって取得したものとみなされる（相法5）。

○保険金の取得に関しみなし贈与となるケース

		契約者	保険料負担者	被保険者	保険金受取人	みなし贈与
イ	満期保険金を取得	A	B	A	A	B⇒A
ロ	死亡保険金を取得	A	B	C	A	B⇒A

＜イの場合＞

贈与により取得したとみなされる生命保険金

$$= 取得した生命保険金 \times \frac{保険金受取人以外の者が負担した保険料の金額}{満期までに払い込まれた保険料の金額総額}$$

＜ロの場合＞

贈与により取得したとみなされる生命保険金（ないし損害保険金）

$$= 取得した保険金 \times \frac{被相続人及び保険金受取人以外の者が負担した保険料の金額}{保険事故発生（死亡）までに払い込まれた保険料の金額総額}$$

③ 定期金

郵便年金契約その他の定期金給付契約の定期金給付事由が発生した場合において，その契約に係る掛金の全部又は一部が定期金受取人以外の者によって負担された場合には，定期金受取人が取得した定期金給付契約に関する権利のうち，その定期金受取人以外の者が負担した掛金に対応する部分の金額は，定期金給付事由の発生したときにその定期金受取人が掛金を負担した者から贈与によって取得したものとみなされる（相法6）。

④ 低額譲受による利益

著しく低い価額の対価で財産を譲り受けた場合には，その譲渡を行った者から譲渡を受けた者に対して，その対価と財産の「時価」との差額に相当する金額につき贈与があったものとみなされる（相法7）。

ただし，著しく低い価額の対価での財産の譲受けがあった場合であっても，その財産を譲り受けた者が資力を喪失して債務を弁済することが困難であるため，その弁済に充てる目的でその者の扶養義務者から当該譲渡を受けた場合には，その債務を弁済することが困難である部分の金額については，贈与税は課されない（相法7但書）。

⑤ 債務免除等による利益

対価を支払わず，又は著しく低い価額の対価で，債務の免除，引受け又は第三者のためにする債務の弁済による利益を受けた場合には，その債務の免除等に係る債務の金額を，債務の免除等の利益を受けた者が債務の免除等を行った者から贈与によって取得したものとみなされる（相法8）。

ただしこの場合も，次のいずれかに該当する場合は，贈与とみなされた金額のうちその債務を弁済することが困難である部分の金額については，贈与税は課されない（相法8但書）。

イ 債務者が資力を喪失して債務を弁済することが困難な場合において，その債務の全部又は一部の免除を受けた場合

ロ 債務者が資力を喪失して債務を弁済することが困難な場合において，債務者の扶養義務者によってその債務の全部又は一部の引受又は弁済が行われた場合

⑥ その他の利益

上記①〜⑤までに該当する場合のほかに，対価を支払わず，又は著しく低い価額の対価で利益を受けた場合には，その利益を受けた者がその利益の価額に相当する金額について利益を与えた者から贈与によって取得したものとみなされる（相法9）。ただし，この場合も，その利益を受けた者が資力を喪失して債務を弁済することが困難であるため，その弁済に充てる目的でその者の扶養義務者から当該利益を受けた場合には，その債務を弁済することが困難である部分の金額については，贈与税は課されない（相法9但書）。

このようなみなし贈与に該当するものとして，以下のようなケースが挙げられる。

イ いわゆる跛行（はこう）増資の場合

同族会社の増資に当たって，従前の出資割合と異なる出資の割り当てがなされたため，社員の出資持分の価値に変動ないし不均衡が生じた場合（跛行増資という），その価値の増加した社員は，価値の減少した社員から価値の増加分に相当する金額の贈与を受けたものとみなされる（最高裁昭和38年12月24日判決・訟月10巻2号381頁）。

○跛行増資とみなし贈与

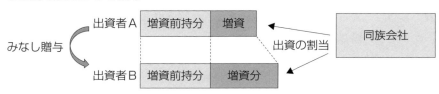

ロ　離婚に伴う財産分与

　離婚による財産分与については，原則としてその取得財産につき贈与税が課されることはない。

　しかし，その分与財産の金額が婚姻中の夫婦の協力によって得た財産の額その他一切の事情を考慮してもなお過大であると認められる場合における当該過大部分の金額，又は，離婚を手段として贈与税もしくは相続税の負担を免れようとするものと認められる場合のその離婚によって取得した財産の金額は，贈与によって取得した財産と取り扱われる（相基通9－8）。

ハ　無利子の金銭貸与等

　夫と妻，親と子，祖父母と孫のように，特殊な関係にある者相互間で無償又は無利子で土地，家屋，金銭等の貸与があった場合には，原則として本来収受すべき地代，家賃又は利子に相当する利益を受けたものと扱われ，贈与税が課税される（相基通9－10）。

　ただし，その利益が少額である場合や課税上弊害がないと認められる場合には，課税しないこととされている（相基通9－10但書）。

ニ　負担付贈与

　負担付贈与があった場合には，受贈者において贈与財産の時価から負担額を差し引いた価額に相当する財産の贈与があったものと扱われる。

　また，その負担額が第三者の利益となる場合には，その第三者がその負担額に相当する金額を贈与により取得したものとされる。この場合，その負担が停止条件付きのものであるときには，その条件が成就したときに贈与を受けたことになる（相基通9－11）。

　負担付贈与においてその負担額が第三者の利益となる場合とは，以下のようなケースである。

○第三者の利益となる負担付贈与

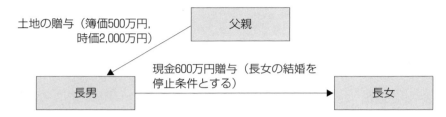

- 長男が贈与を受けた金額＝2,000万円－600万円＝1,400万円（一旦2,000万円の贈与を受けたものとして申告し，長女の結婚時に600万円の贈与の減額に係る更正の請求を行う）
- 長女が贈与を受けた金額＝600万円（結婚時に父親から贈与を受けたこととなる）

ホ　共働き夫婦における住宅資金の贈与

　共働きの夫婦の一方（例えば，夫）が，金融機関から自らが居住する住宅及びその敷地の購入資金を借り入れた場合において，その返済が借入者以外のもう一方の者（この場合，妻）の負担によってなされているときは，その借入者以外の者が負担した部分の金額は借入者に対する贈与と扱われる。この場合，借入金返済額の負担者から借入名義人への贈与の金額は，借入金総額について一時になされたとみるのではなく，返済の都度贈与があったものと取り扱われる。

　しかし，借入金の返済が事実上共働き夫婦の収入によって共同でなされていると認められるときは，その所得按分で負担したものと取り扱われることとなる（昭34直資58「共かせぎ夫婦の間における住宅資金等の贈与の取扱いについて」）。

(9) 課税標準と税額

　贈与税の課税標準は，納税義務者が一年間（暦年）に贈与によって取得した財産の価額の合計額（課税価格，相法21の２）である。課税価格から控除され

るのは基礎控除（相続税法上は60万円であるが，措置法で110万円に引き上げられている，相法21の5，措法70の2の3）及び配偶者控除（居住用不動産等に係る2,000万円贈与，相法21の6）である。

相続税法の改正前後の贈与税（暦年課税）の税率表は前記（9〜10頁）のとおりであるが，それに基づいて計算される改正前後の贈与税額の違いは以下の表のとおりである。

○相続税法の改正前後の贈与税額の違い（暦年課税・早見表）

贈与額 （基礎控除前）	改正前	改正後（平成27年1月1日以降の贈与）	
		一 般	直系卑属
100万円	0	0	0
200万円	9万円	9万円	9万円
300万円	19万円	19万円	19万円
400万円	33.5万円	33.5万円	33.5万円
500万円	53万円	53万円	48.5万円（△4.5万円）
600万円	82万円	82万円	68万円（△14万円）
700万円	112万円	112万円	88万円（△24万円）
800万円	151万円	151万円	117万円（△34万円）
900万円	191万円	191万円	147万円（△44万円）
1,000万円	231万円	231万円	177万円（△54万円）
1,500万円	470万円	450.5万円（△19.5万円）	366万円（△104万円）
2,000万円	720万円	695万円（△25万円）	585.5万円（△134.5万円）
2,500万円	970万円	945万円（△25万円）	810.5万円（△159.5万円）
3,000万円	1,220万円	1,195万円（△25万円）	1,035.5万円（△184.5万円）
4,000万円	1,720万円	1,739.5万円（19.5万円）	1,530万円（△190万円）
5,000万円	2,220万円	2,289.5万円（69.5万円）	2,049.5万円（△170.5万円）

（注） 改正後のカッコ内は改正前からの増減額を示す。

(10) 相続時精算課税制度

平成15年度の税制改正で、生前贈与を容易にし、次世代への資産の移転を促進する目的で、相続時精算課税制度が導入された。相続時精算課税制度は納税者の選択（選択しない場合は通常の贈与税の課税（暦年課税）となる）により適用されることとなるが、その選択に有無による贈与税の課税関係の違いは次頁の図のとおりとなる。

相続時精算課税制度の概要は以下のとおりである。

① 贈与者及び受贈者の要件

従来、贈与者（特定贈与者）は65歳以上の親、受贈者は20歳以上の推定相続人（贈与者の直系卑属）であったが（旧相法21の9①）、平成25年度の税制改正で、平成27年1月1日以降の贈与については、贈与者は60歳以上に引き下げられ（相法21の9①）、受贈者は20歳以上の推定相続人及び孫とされた（措法70の2の5①）。

② 住宅取得資金の贈与の特例

平成27年1月1日から平成31年6月30日までの間に、父母や祖父母から子や孫に住宅取得資金の贈与を行い、その資金の受贈者（特定受贈者、ただし合計所得が2,000万円以下）が住宅を取得し居住を開始している場合には、その住宅が省エネ・耐震対応住宅の場合は1,000万円まで、一般住宅の場合は500万円まで非課税[26]とされる（措法70の2）。

当該特例による非課税額は、暦年課税又は相続時精算課税制度の非課税枠と合算して使用することができる（措法70の3）。

---

26 東日本大震災の被災者については、非課税枠は省エネ・耐震対応住宅の場合は1,500万円まで、一般住宅の場合は1,000万円までとされている（東日本大震災の被災者等に係る国税関係法律の臨時特例に関する法律38の2②六）。

○相続時精算課税制度の選択

財産の贈与を受けた人（「受贈者」といいます。）は，次の場合に，財産の贈与をした人（「贈与者」といいます。）ごとに相続時精算課税を選択することができます。

相続時精算課税を選択できる場合（年齢は贈与の年の1月1日現在のもの）
・贈与者 → 60歳以上の親
・受贈者 → 20歳以上の子及びその孫
　　　　　　（子が亡くなっているときには20歳以上の孫を含みます。）

相続時精算課税を

選択する → 【相続時精算課税】

【贈与税】
① 贈与財産の価額から控除する金額
　特別控除額 2,500万円
　前年までに特別控除額を使用した場合には，2,500万円から既に使用した額を控除した残額が特別控除額となります。
② 税率
　特別控除額を超えた部分に対して，一律 20％の税率
※「相続時精算課税」を選択すると，その選択に係る贈与者から贈与を受ける財産については，その選択をした年分以降全て相続時精算課税が適用され，「暦年課税」へ変更することはできません。

相続時に精算

【相続税】
　贈与者が亡くなった時の相続税の計算上，相続財産の価額に相続時精算課税を適用した贈与財産の価額（贈与時の時価）を加算して相続税額を計算します。
　その際，既に支払った贈与税相当額を相続税額から控除します。なお，控除しきれない金額は還付されます。

選択しない → 【暦年課税】

【贈与税】
① 贈与財産の価額から控除する金額
　基礎控除額 毎年 110万円
② 税率
　基礎控除後の課税価格に応じ次の速算表で計算します。
◎ 贈与税の速算表

【一般贈与財産用】

基礎控除後の課税価格	一般税率	控除額
200万円以下	10％	—
300万円以下	15％	10万円
400万円以下	20％	25万円
600万円以下	30％	65万円
1,000万円以下	40％	125万円
1,500万円以下	45％	175万円
3,000万円以下	50％	250万円
3,000万円超	55％	400万円

【特例贈与財産用】

基礎控除後の課税価格	特例税率	控除額
200万円以下	10％	—
400万円以下	15％	10万円
600万円以下	20％	30万円
1,000万円以下	30％	90万円
1,500万円以下	40％	190万円
3,000万円以下	45％	265万円
4,500万円以下	50％	415万円
4,500万円超	55％	640万円

※この速算表の使用方法は，次のとおりです。（贈与を受けた財産の価額－基礎控除額）×税率－控除額＝税額

【相続税】
　贈与者が亡くなった時の相続税の計算上，原則として，相続財産の価額に贈与財産の価額を加算する必要はありません。ただし，相続開始前3年以内に贈与を受けた財産の価額（贈与時の時価）は加算しなければなりません。

（出典）　国税庁「平成26年分贈与税の申告のしかた」1頁を一部改変。

③ 選択の方法

相続時精算課税制度の選択を行おうとする受贈者は、最初の贈与を受けた年の翌年2月1日から3月15日までの間にその旨等を記載した届出書を所轄税務署長に提出する必要がある（相法21の9②）。

④ 特別控除額

相続時精算課税制度の控除額（特別控除額）は特定贈与者ごとに2,500万円である（累積額、相法21の12）。

⑤ 税率

相続時精算課税制度の適用者が特定贈与者から受けた贈与額（贈与時の時価で評価、相法21の16③）から、複数年にわたり利用できる上記非課税枠（特別控除額）を控除した後の金額に一律20％の税率を乗じて贈与税額を計算する（相法21の13）。

⑥ 精算課税

相続時精算課税制度を選択した受贈者は、贈与者の相続発生時に、相続時精算課税制度の適用対象となる贈与財産と相続財産とを合算して相続税額を計算したのち、当該制度により既に納付した贈与税相当額を控除する（相法21の14, 15, 16）。控除しきれない税額があるときは還付される（相法33の2）。

⑦ 受贈者としての「孫」の留意点

平成25年度の税制改正で、受贈者の要件として新たに20歳以上の孫が加わったが、精算課税の時点において、受贈者としての孫は以下のとおりいくつか留意すべき事項がある。

第一に、相続人でない孫も納税義務者となるという点である。そのため、相続発生時に財産を取得しない孫も、場合によっては納付義務が生じることとなり、納税資金面で問題となる可能性がある。第二に、孫の相続税は2割加算の

対象となるという点である（相法18①）。基礎控除額が下がり相続税の課税機会が増加する中で，孫への生前贈与分の相続財産への加算により相続税が課税される可能性も高まっており，2割加算の問題は今後存外に深刻な問題となりかねないところである。したがって，孫への贈与については事前の十分な検討が必要であろう。

暦年課税と相続時精算課税制度とを比較すると以下の表のとおりとなる。

○暦年課税と相続時精算課税制度の比較表（平成27年1月1日以降）

	暦年課税	相続時精算課税制度
贈与者及び受贈者	個人間であれば特に要件なし	贈与者：60歳以上の親/受贈者：20歳以上の推定相続人及び孫
選択	不要	必要（一度選択したら相続時まで継続適用）
課税時期	贈与時	贈与時
控除	基礎控除110万円（毎年）	特別控除2,500万円（限度額まで複数回使用可）
税率	9～10頁の表のとおり（10～55％の8段階）	特別控除額を超えた部分につき一律20％
相続時	相続開始前3年以内の贈与は相続財産に要加算	贈与財産を贈与時の時価で相続財産に合算（既に納付した贈与税相当額は相続税額から控除）
メリット	・長期にわたり計画的に贈与を行えば多額の贈与が可能となる	・一度に多額の贈与が可能 ・将来値上がりが見込める財産の贈与による相続税対策が可能
デメリット	・短期間では相続税対策の効果が薄い	・一度選択すると暦年課税に戻れない ・贈与財産が将来値下がりすると相続税対策上逆効果 ・贈与事実の管理が必要 ・孫への贈与は2割加算の対象となる可能性がある

5 財産評価の基礎知識

(1) 財産評価の意義

　相続税にせよ贈与税にせよ，税額計算の基礎となるのは課税財産の価額である。別の言い方をすれば，課税財産の評価は，相続税ないし贈与税の税額計算の最も重要な要素として組み込まれているということになる。また，納税者が最終的に気に留めるのは相続税・贈与税の納税額であるから，それに直接影響を及ぼす財産評価の重要性は極めて高いといえる。

　相続税法における財産評価の規定はいたってシンプルである。すなわち，相続税法における財産評価の原則は，「相続，遺贈又は贈与により取得した財産の価額は，当該財産の取得の時における時価」によるとされているのみである（時価主義，相法22）。当該規定の解釈としては，判例上，「相続税法22条に規定される時価とは，<u>課税時期において，それぞれの財産の現況に応じ，不特定多数の当事者間で自由な取引が行われた場合に通常成立する価額をいうものと解するのが相当であるが</u>，対象財産の客観的交換価額は必ずしも一義的に確定されるものではなく，これを別個に評価するとすれば，評価方法等により異なる評価額が生じたり，課税庁の事務負担が重くなり，課税事務の迅速な処理が困難となるおそれがあるため，課税実務上は，財産評価の一般的基準が財産評価通達により定められ，これに定められた評価方法によって画一的に財産の評価が行われているところである（下線は筆者，東京高裁平成7年12月13日・行裁例集46巻12号1143頁）。」とされているところである。

　当該判例に基づき，相続税法上の時価（客観的交換価額）の法的意義を示すと以下のようになるものと考えられる（時価の3要素）。

○相続税法上の時価の法的意義

- 課税時期における財産の現況に応じた
- 不特定多数の（独立した）当事者間で行われた取引により成立する
- 自由な取引により通常成立する

→ 価額

(2) 法定評価による財産の評価

　しかし，上記ではほとんど何も語っていないに等しく，実務上あまり参考にならない基準である。なぜなら，通常の納税者は相続や贈与により取得する財産に価値があることは「何となく」分かるにしても，その多くは上記基準において時価を算定する基礎となる「取引」がタイムリーに実施されているわけではなく，価額が具体的に「いくら」であるか（時価）を外形的，客観的に認識することが困難であるからである。そのような財産の典型例が，未だに相続財産の半分近くを占める「土地」であろう。また，課税の公平の観点からも，納税者間で財産評価の方法がまちまちとなり，結果として同一と考えられる財産の価額に不均衡が生じることは好ましくないといえる[27]。

　そのため，相続税法は，その評価の困難な資産についていくつか取り上げ，特に規定している（法定評価）。法定評価の対象となる資産とその評価方法は以下のとおりである。

27　金子前掲注8書618頁参照。

① 地上権[28]及び永小作権（相法23）

残存期間	評価割合
10年以下のもの	100分の5
10年超15年以下のもの	100分の10
15年超20年以下のもの	100分の20
20年超25年以下のもの	100分の30
25年超30年以下のもの及び地上権で存続期間の定めのないもの	100分の40
30年超35年以下のもの	100分の50
35年超40年以下のもの	100分の60
40年超45年以下のもの	100分の70
45年超50年以下のもの	100分の80
50年を超えるもの	100分の90

> 地上権又は永小作権の評価額＝自用地の価額×評価割合

② **定期金に関する権利（給付事由が発生しているもの）**

以下の区分に応じた金額により評価する（相法24）。

＜有期定期金＞

以下に掲げる金額のうち最も多い金額で評価する（相法24①一）。

イ　契約に関する権利取得時において，当該契約を解約するとしたならば支払われるべき解約返戻金の金額

ロ　定期金に代えて一時金の給付を受けることができる場合には，権利取得時において，当該一時金の給付を受けるとしたならば支払われるべき一時金の金額

ハ　契約に関する権利取得時において，当該契約に基づき定期金の給付を受けるべき残りの期間に応じ，当該契約に基づき給付を受けるべき金額の1年当たりの平均額に，当該契約に係る予定利率による複利年金現価率を乗じて得

28　民法265条の地上権を意味し，借地借家法に規定する借地権又は民法269条の2の区分地上権（地下又は空間を目的とする地上権）は含まないと解されている。金子前掲注8書620頁参照。

た金額

なお、上記ハの「複利年金現価率」は以下のとおり定められている（相規12の2）。

$$\frac{1-\frac{1}{(1+r)^n}}{r}$$

r：定期金給付契約に係る予定利率
n：定期金の給付を受けるべき残りの年数（1年未満端数切上げ）

従来の有期定期金の評価方法は、地上権及び永小作権と同様、下記のとおりかなりシンプルなものであった。

○改正前の有期定期金の評価方法（旧相法24①一）

残存期間	評価割合
5年以下のもの	100分の70
5年超10年以下のもの	100分の60
10年超15年以下のもの	100分の50
15年超25年以下のもの	100分の40
25年超35年以下のもの	100分の30
35年を超えるもの	100分の20

上記評価割合は昭和25年当時の金利水準（約8.0％）や平均寿命（男58.0歳、女61.5歳）などを基に算定されたものであったが、その後60年ほど経過し、実態と合わない現在価値を示していたため、評価額と時価との乖離を利用した租税回避的な年金保険が販売されるようになった。そのため、課税の適正化を意図して、平成22年度の税制改正で現在のような評価方法へと改められたわけである[29]。

〔評価例〕

相続時における有期定期金に関する権利の各種数値が以下のとおりである場合、その相続税評価額はどうなるか。

29　財務省編『平成22年度税制改正のすべて』427〜428頁。なお改正時に参照された平成17年の金利水準は1.5％、平均寿命は男78.56歳、女85.52歳である。

- 解約返戻金の金額：16,748,000円…A
- 一時金の金額：16,826,010円…B
- 予定利率：1.75％
- 上記利率の複利現価率（20年）：16.753（小数点以下第3位未満を四捨五入）
- 相続時において，1年当たり100万円の給付が20年間受けることができる（相続時は定期金の給付日ではない）

  予定利率で算定した評価額＝1,000,000円×16.753＝16,753,000円…C

  B＞C＞A ∴16,826,010円（一時金の金額が相続税評価額となる）

＜無期定期金＞

以下に掲げる金額のうち最も多い金額で評価する（相法24①二）。

イ　契約に関する権利取得時において，当該契約を解約するとしたならば支払われるべき解約返戻金の金額

ロ　定期金に代えて一時金の給付を受けることができる場合には，権利取得時において，当該一時金の給付を受けるとしたならば支払われるべき一時金の金額

ハ　契約に関する権利取得時において，当該契約に基づき定期金の給付を受けるべき残りの期間に応じ，当該契約に基づき給付を受けるべき金額の1年当たりの平均額を，当該契約に係る予定利率で除した金額

〔評価例〕

相続時における無期定期金に関する権利の各種数値が以下のとおりである場合，その相続税評価額はどうなるか。

- 解約返戻金の金額：34,748,000円…A
- 一時金の金額：34,826,010円…B
- 予定利率：1.75％
- 相続時において，1年当たり60万円の給付を受けることができる

  予定利率で算定した評価額＝600,000円÷1.75％＝34,285,714円…C

  B＞A＞C ∴34,826,010円（一時金の金額が相続税評価額となる）

<終身定期金>

以下に掲げる金額のうち最も多い金額で評価する（相法24①三）。

イ　契約に関する権利取得時において，当該契約を解約するとしたならば支払われるべき解約返戻金の金額

ロ　定期金に代えて一時金の給付を受けることができる場合には，権利取得時において，当該一時金の給付を受けるとしたならば支払われるべき一時金の金額

ハ　契約に関する権利取得時において，その目的とされた者の余命年数[30]に応じ，当該契約に基づき給付を受けるべき金額の1年当たりの平均額に，当該契約に係る予定利率による複利年金現価率を乗じて得た金額

〔評価例〕

相続時における終身定期金に関する権利の各種数値が以下のとおりである場合，その相続税評価額はどうなるか。

- 解約返戻金の金額：9,884,000円…A
- 一時金の金額：9,946,000円…B
- 予定利率：1.75％
- 受給者は男性で75歳，1年当たり100万円の給付を終身にわたって受けることができる
- 第21回生命表（完全生命表）によれば，男性75歳の平均余命は11.45年
- 上記予定利率の平均余命に基づく複利現価率（11年⇒1年未満切捨て）：9.927（小数点以下第3位未満を四捨五入）

　　予定利率で算定した評価額＝1,000,000円×9.927＝9,927,000円…C

　　B＞C＞A　　∴9,946,000円（一時金の金額が相続税評価額となる）

30　厚生労働省が公表する，「完全生命表」に記載されている「平均余命（1年未満の端数は切捨て）」によることとされている（相令5の7，相規12の3）。課税時期が平成25年1月1日以後（平成29年12月31日までの見込み）である場合，平成24年5月公表の第21回生命表（完全生命表）を用いることとなる（評基通200-3）。

③ 定期金に関する権利（給付事由が発生していないもの）

定期金給付契約（生命保険契約を除く）で権利取得時において給付事由が発生していないものについては，以下の区分に応じた金額により評価する（相法25）。

イ 解約返戻金を支払う旨の定めがないもの（相法25一）

＜一時に払い込まれたもの＞

定期金給付契約に係る掛金又は保険料が一時に払い込まれた場合，当該掛金又は保険料の払込開始の時から権利を取得した時までの期間（「経過期間」）につき，当該掛金又は保険料の払込金額に対し，予定利率の複利による計算をして得た元利合計額の「90％」。

なお，上記の「当該掛金又は保険料の払込金額に対し，予定利率の複利による計算をして得た元利合計額」は以下のとおり計算される（評基通200－4）。

定期金給付契約に係る掛金又は保険料の金額 × $\underbrace{(1+r)^n}$

　　　　　　　　　　　　複利終価率（小数点以下第3位未満の端数は四捨五入）
　　　　　　　　　　　　r：予定利率
　　　　　　　　　　　　n：経過期間（1年未満の端数は切捨て）

〔評価例〕

相続時における定期金に関する権利（給付事由が発生していないもの）の各種数値が以下のとおりである場合，その相続税評価額はどうなるか。

- 解約返戻金：定めがない
- 一時に払い込まれた掛金の額：9,000,000円
- 予定利率：1.75％
- 経過期間：10年10か月
- 生命保険契約ではない
- 上記予定利率で10年の複利終価率：1.1894

　経過期間の年数：10年（1年未満の端数切捨て）

　予定利率で算定した元利合計額＝9,000,000円×1.189（小数点以下第3位未満四捨五入）＝10,701,000円

相続税評価額 = 10,701,000円 × 90% = 9,630,900円

＜それ以外のもの＞

定期金給付契約に係る掛金又は保険料が一時に払い込まれた場合以外の場合，経過期間に応じ，当該経過期間に払い込まれた掛金又は保険料の金額の1年当たりの平均額に，予定利率による複利年金終価率を乗じて得た金額の90％。

上記「当該経過期間に払い込まれた掛金又は保険料の金額の1年当たりの平均額」は，原則として以下の算式により求めることとなる（評基通200－5）。ただし，年1回，一定の金額の掛金又は保険料が払い込まれる契約の場合には，当該契約に基づき1年間に払い込まれた掛金又は保険料の金額によることができる（簡便法，評基通200－5）。

経過期間に払い込まれた掛金又は保険料の額の合計額 ÷ 経過期間の年数（1年未満の端数は切上げ）

また，「複利年金終価率」は以下の算式により定められている（相規12の4）。

$$\frac{(1+r)^n - 1}{r}$$

r：定期金給付契約に係る予定利率
n：経過期間の年数（1年未満端数切上げ）

〔評価例〕

相続時における定期金に関する権利（給付事由が発生していないもの）の各種数値が以下のとおりである場合，その相続税評価額はどうなるか。

- 解約返戻金：定めがない
- 毎月払いの掛金の額：48,000円
- 予定利率：1.75％
- 経過期間：11年10か月
- 払込回数：142回 = 11年 × 12回 + 10回
- 生命保険契約ではない
- 上記予定利率で12年の複利年金終価率：13.2251
  経過期間の年数：12年（1年未満の端数切上げ）

経過期間に払い込まれた掛金等の金額の1年当たりの平均額

$$= \frac{48,000円 \times 142回}{12年} = 568,000円$$

予定利率で算定した金額

$= 568,000円 \times 13.225$（小数点以下第3位未満四捨五入）$= 7,511,800円$

相続税評価額$= 7,511,800円 \times 90\% = 6,760,620円$

ロ　上記イ以外のもの

権利取得時において契約を解約するとしたならば支払われるべき解約返戻金の金額（相法25二）解約返戻金の金額は以下のとおりである（相基通25-1，24-3）。

| 解約返戻金の金額 | ＝ | 権利取得時に定期金給付契約を解約した場合に支払われるべき解約返戻金 | ＋ | 剰余金の分配額等 | ＋ | 源泉徴収されるべき所得税の額に相当する金額 |

なお，定期金に関する権利を評価する場合の年数等の端数処理の方法をまとめると，次頁の表のとおりとなる[31]。

31　谷口裕之編『平成25年版財産評価基本通達逐条解説』（大蔵財務協会・平成25年）888頁。

○定期金に関する権利を評価する場合の年数等の端数処理

種類			端数処理の方法
給付事由が発生しているもの（相法24）	有期定期金	給付期間の年数	1年未満切上げ（相規12の2②一）
	終身定期金	余命年数（平均余命）	1年未満切捨て（相規12の3）
給付事由が発生していないもの（相法25）	掛金又は保険金が一時に払い込まれた場合	経過期間の年数	1年未満切捨て（評基通200－4）
	上記以外の場合	払込済期間の年数	1年未満切上げ（相規12の4②）

④ 立木

　相続又は遺贈により取得した立木（竹林は除く）の価額は，取得時における立木の時価の85％相当額により評価する（相法26）。上記評価の対象となる「遺贈」は，包括遺贈及び被相続人から相続人への遺贈に限定されるため（相法26），相続人以外の者に対する「特定遺贈」は対象外である。

　ここでいう立木の「時価」とは，原則として，財産評価基本通達（評基通111～127）により評価された金額をいう。したがって，立木については時価を算定するための評価を行う必要がある。

(3) 法定評価によらない財産の評価

　上記(2)で説明した「法定評価」によりカバーされる財産の範囲は非常に限定されている。そこで，前述(1)で採り上げた東京高裁平成7年12月13日判決も指摘するように，財産の評価は，「<u>課税実務上</u>は，財産評価の一般的基準が財産評価通達により定められ，これに定められた評価方法によって<u>画一的に</u>（下線は筆者）」行われているというのが実情である。

　相続税・贈与税の税額に直接影響を及ぼす財産の評価について，法定評価ではなく課税庁の通達に基づくことには，当然のことながら，かねてから批判が

ある[32]。しかしながら通達の根幹をなす「財産評価基本通達」[33]は，その前身の「相続税財産評価に関する基本通達（昭和39年4月制定）」から数えると50年以上の歴史を有しており，実務においてはそれによることが定着しており，また，裁判においてもそれによることが是認されて来たところであるため，これを無視して評価を行うということは非現実的である。

したがって本書では，特に断りがない限り「財産評価基本通達」に基づく評価方法について解説することとする。

(4) 財産評価基本通達の評価の原則

相続税法第22条（評価の原則）においては，相続，遺贈又は贈与により取得した財産の価額は，当該財産の取得時における「時価」とされている。しかし，当該「時価」の算定方法については，相続税法本法では上記(2)の法定評価を規定するのみで，不動産や有価証券，金融商品，動産や無体財産権といった相続財産の大半を占める「価値のあるもの」の評価方法についてはガイドラインを示していない。これでは納税者が納税義務を果たすことができず，また，課税庁においても執行が困難となるため，実務上，継続的・規則的・画一的な評価を行うため，別途課税庁からガイドラインが示されている。それが「財産評価基本通達」である。相続税・贈与税に関しては，財産の評価（時価の解釈）につきほぼ全面的に当該通達に委ねられている，というのが実情である[34]。

財産評価基本通達によれば，時価とは，課税時期において，それぞれの財産の現況に応じ，不特定多数の当事者間で自由な取引が行われる場合に通常成立すると認められる価額（客観的交換価額）をいう，とされている（評基通1(2)）。これは前述(1)で触れた判例の基準（時価の3要素）と同じであると考え

---

32 仮に本法で規定するのが困難であれば，少なくとも評価の基本事項は政令ないし省令で規定すべきということになろう。金子前掲注8書619頁注4参照。かつて通達で規定されていたものの，その後政令に移され，最終的には本法に規定されたものとして，リース取引に係る「リース通達」がある（所法67の2，法法64の2）。
33 平成3年12月18日付課評2-4（例規），課資1-6。
34 品川芳宣『租税法律主義と税務通達』（ぎょうせい・平成15年）119頁。

られる。

次に，時価を算定するのは「財産を取得した時点」であり，これを「課税時期」という。ここでいう課税時期であるが，相続税の場合は，被相続人又は遺贈者の「死亡の日」であり，贈与税の場合は，贈与によって受贈者が財産を「取得した日」である。

さらに，財産の評価に当たっては，その財産の価額に影響を及ぼすべきすべての事情を斟酌して行うこととされている（評基通1(3)）。ただし，ここで考慮される個別事情は，主観的なものは排除され，客観的に認められるものに限定される。例えば，借地権の設定されている土地を取得した場合には，その土地の時価は，その土地を完全に所有した場合と異なり，借地権に相当する価額（評基通27）を控除した金額となる[35]。

(5) 評価方法の定めのない場合の財産評価

財産評価基本通達は215項にもわたる比較的詳細かつ網羅的な規定であるが，当然のことながらすべての財産の評価方法を示しているわけではない。特に新たに開発される金融商品や金融資産については，規定の新設が間に合わないことも想定されるところである。仮に，財産評価基本通達に定めがない場合には，どのように評価を行うのであろうか。

この場合，通達によれば，財産評価基本通達に定める評価方法に準じて評価することとされている（評基通5）。これは，仮に，財産評価基本通達に定めがない場合であっても，

① 納税者が自ら新たな基準を設定して評価することは，多くの場合困難である（納税者サイドのメリット）
② 課税庁が既に定めた基準に準拠した方法であれば恣意性が排除され，時価との乖離を利用した租税回避行為を防止することができること（課税庁サイドのメリット）

---

35 谷口前掲注31書6頁参照。

と双方にメリットがあるため,「財産評価基本通達に定める評価方法に準じて評価する」という方法は,一応正当化されるものと考えられる。

　財産評価基本通達に定めがないものであっても,その重要性が高い財産,例えば会社法の施行(平成18年5月1日)により発行が認められるようになった種類株式については,その評価方法につき「情報[36](平成19年3月9日付資産評価企画官情報第1号「種類株式の評価について」)」として公表されている。

　なお,情報として公表されている評価方法のうち,実務においてその取扱いが定着したものについては,今後順次通達に引き上げられていくものと予想される。

(6) 通達の定めによることが困難な場合の財産評価(総則第6項)

　財産評価基本通達に定めがある場合であっても,それをそのまま適用することが必ずしも適当ではないケースもあり得る。その典型例が,現在一部で問題視されている高層・タワーマンションの評価方法[37]であろう。

　このような場合,財産評価基本通達では,その定めによって評価することが著しく不適当と認められる財産の評価は,国税庁長官の指示を受けて評価することとされている(評基通6,一般に「総則第6項」と称される)。同様の規定は,所得税基本通達(昭和45年7月1日直審(所)30(例規))の前文において「この通達の具体的な適用に当たっては,法令の規定の趣旨,制度の背景のみならず条理,社会通念をも勘案しつつ,個々の具体的事案に妥当する処理を図るよう努められたい。」というのがあり,また,法人税基本通達(昭和44年5月1日直審(法)25(例規))においても「この通達の具体的な適用に当たっては,法令の規定の趣旨,制度の背景のみならず条理,社会通念をも勘案

---

36 「その他法令解釈に関する情報」とされており,法令解釈通達である「財産評価基本通達」よりも下位に位置付けられている。現在国税庁HPで公表されている資産評価企画官情報で最古のものは,平成18年7月7日付資産評価企画官情報第1号「会社法の施行及び法人税法関係法令の改正に伴う取引相場のない株式の評価における経過的な算出方法等について」である。

37 これについては,拙著『相続税調査であわてない「名義」財産の税務』(中央経済社・2014年)250～267頁参照。

しつつ、個々の具体的事案に妥当する処理を図るように努められたい。いやしくも、通達の規定中の部分的字句について形式的解釈に固執し、全体の趣旨から逸脱した運用を行なったり、通達中に例示がないとか通達に規定されていないとかの理由だけで法令の規定の趣旨や社会通念等に即しない解釈におちいったりすることのないよう留意されたい。」とされている。

　当該規定中の「その定めによって評価することが著しく不適当」な場合の意義であるが、通達に定める評価方法を機械的ないし画一的に適用した場合に、適正な時価評価が認められず、その評価額（著しく時価から乖離した評価額）が不適切なものとなり、著しく課税の公平を欠くケースと解されている[38]。そのような場合には「国税庁長官の指示を受けて評価する」わけであるが、このような規定ぶりとなっているのは、「通達」が上級行政庁である国税庁長官から下級行政庁である国税局長・沖縄国税事務所長に対して行われる「命令（職務命令）」であるため[39]、ということになるであろう。

　ちなみに、当該規定の適用に際して、国税庁長官の指示内容が適正手続の保障原則に照らして明らかにされるべきかについては、裁決事例では、「評価通達は、税務執行の便宜上、単に評価の目安となるべき基準を示したものであり、また、そもそも通達とは、上級行政庁の下級行政庁に対する命令であって法規たる性質を有せず、それ自体が納税者を拘束するものではないこと及び通達の適用に関する国税庁長官の指示は、関係下級行政庁ないしその職員のみを拘束するにすぎないものであり、加えて、国税庁長官の当該指示を納税者に対して明確にしなかったとしても、これにより直ちに原処分が違法となるものではないと解するのが相当である。」として、これを否定している（国税不服審判所平成10年4月24日裁決・裁事55集556頁）。

　相続税・贈与税の課税財産については、その財産の価額に影響を及ぼすべきすべての事情を考慮して評価するのが原則であることから（評基通1(3)）、仮に通達に定める標準的な評価方法が時価（客観的交換価額）と乖離しているの

38　谷口前掲注31書26頁。
39　金子前掲注8書108頁。

であれば，それを是正するような評価方法を別途採用するのは当然であるといえる。特に平成25年度税制改正で基礎控除額が引き下げられた結果，納税者数の増加が見込まれる相続税においては，「課税の公平」の意義がより高まったともいえることから，税制の信頼性を確保する意味でもこの点は重要であろう。

とはいえ，課税庁から通達ないし情報等でタイムリーに評価方法が提示されるのは，納税者の予測可能性の観点から望ましいことは言うまでもないが，十分な検討もなく「未熟」な方法を公表する場合には，納税者をかえって無用な混乱に陥れるだけで「拙速」との批判を受けることは必至であるため，それほど簡単なことではない。そのため，評価通達に基づく画一的評価が客観的交換価値と乖離しているため，評価額を客観的交換価値に近づけるよう個別に是正することを求める補完的規定が必要となるが，それが「総則第6項」である（包括的限定条項）[40]。

「総則第6項」は，評価通達に基づく評価額と客観的交換価値（時価）との乖離が生じる場合，その乖離を個別に是正することを求める規定であるため，その乖離がプラス（時価＞評価額）となる場合もマイナス（時価＜評価額）となる場合とがある。

40　品川前掲注34書124頁。対して，財産評価基本通達中には，通達の定めによって評価できない財産については，「課税上弊害がない限り」その財産の取得価額を基に評価することができる旨の「個別的限定条項」と称すべき規定がある（評基通5－2（注）など）。総則第6項のような「包括的限定条項」と「個別的限定条項」との適用関係は必ずしも明確ではなく，特に「課税上弊害がない限り」という租税回避防止を意図する文言があるのは，そもそも財産評価基本通達は相続税法における時価概念を明らかにするものであるということを踏まえれば，違和感を禁じ得ないところである。品川前掲注34書128頁参照。そこで，取りあえず本書では，財産評価基本通達における時価の判断に関し，「個別的限定条項」を有する規定については総則第6項を関係させずその規定のみで完結し，それ以外の規定は総則第6項の規定の適否を最終的に判断する，というように理解するものとしておく。

○総則第6項の適用パターン

<プラスのケース>

時価との差額	} 客観的交換価値（時価）
通達に基づく評価額（過少）	

<マイナスのケース>

通達に基づく評価額（割高）	} 客観的交換価値（時価）

　このうち，プラスのケースは課税庁が問題にし，当該規定により原則的評価ではなく時価（不動産鑑定評価額など）に基づく課税を行うことが考えられ，マイナスのケースは逆に納税者が問題にし，時価に基づく課税を課税庁に求めることが考えられる。

　また，当該規定のヴァリエーションとしては，土地区画整理事業施行中の宅地に関し，財産評価基準書に「個別評価」と記載されている土地の評価について，所轄税務署長に対して「個別評価申出書」により土地の個別評価申請を行う場合も挙げられる（評基通24－2参照）。当該「個別評価申出書」及び「個別評価により評価する土地等の所在地，状況等の明細書」の記載例は次頁のとおりである。

平成 27 年分　　個別評価申出書

　　　渋谷　税務署長

平成 27 年 10 月 1 日

申出者（納税義務者）
住所（所在地）　〒151-0073　渋谷区笹塚4-1-1
氏名（名称）　鈴木 三郎　㊞
職業（業種）　　　　　電話番号 03-3371-××××

※印欄は記入しないでください。

相続税等の申告のため、財産評価基準書に「個別評価」と表示されている土地等を評価する必要があるので、次のとおり申し出ます。

1	個別評価を必要とする理由	☑ 相続税申告のため 相続開始年月日　平成 27 年 4 月 1 日 被相続人　住所　渋谷区幡ヶ谷3-1-1 　　　　　氏名　鈴木 太郎 　　　　　職業　不動産貸付業 ☐ 贈与税申告のため 受贈年月日　平成　　年　　月　　日
2	個別評価する土地等の所在地、状況等	「別紙1　個別評価により評価する土地等の所在地、状況等の明細書」のとおり
3	添付資料	「別紙2　個別評価申出書添付資料一覧表」のとおり
4	連絡先	〒151-0073 住所　渋谷区幡ヶ谷3-1-1 氏名　佐藤 五郎 職業　税理士　電話番号 03-3355××××
5	送付先	☑ 申出者に送付 ☐ 連絡先に送付

※　☐欄には、該当するものにレ点を付してください。

(26.6)

⑤ 財産評価の基礎知識

別紙1　個別評価により評価する土地等の所在地、状況等の明細書

土地等の所在地〔住居表示〕	渋谷区幡ヶ谷3丁目123番地　〔3丁目1番地1号〕	〔　　　　　　　〕
土地等の利用者名、利用状況及び地積	(利用者名) 鈴木太郎　(利用状況) 宅地（自用地）　(地積)　　200.56 ㎡	(利用者名)　(利用状況)　(地積)　　㎡
仮換地の指定の有無及び指定日	㊲・無　平成26年3月10日	有・無　平成　年　月　日
(仮換地の指定がある場合) 仮換地の所在地	○○土地区画整理事業　23街区5画地	
仮換地の使用収益開始の有無	有・㊱　(使用収益の開始日)　平成26年3月10日	有・無　(使用収益の開始日)　平成　年　月　日
(仮換地の使用収益が開始されている場合) 利用者名、利用状況及び地積	(利用者名)　(利用状況)　(地積)　　㎡	(利用者名)　(利用状況)　(地積)　　㎡
(仮換地の使用収益が開始されていない場合) 使用収益が開始されていない理由及び使用収益の開始予定日	(理由) 工事が行われていない　(使用収益開始予定日)　未定　平成　年　月　日	(理由)　(使用収益開始予定日)　平成　年　月　日
仮換地の造成工事	工事完了・工事中・未着手	工事完了・工事中・未着手
清算金の有無等	有・㊲　　　円	有・無　　　円
減歩割合	20.6％	％
その他（参考事項）		

(25.6)

6 不動産評価の基礎知識

(1) 土地の評価上の区分

土地はその年の1月1日を基準日として,宅地,農地,山林,原野等の地目別に評価することとされている(原則的取扱い,評基通7)。財産評価基本通達に定められる土地の地目は以下の9種類である(評基通7)。

イ　宅地
ロ　田
ハ　畑
ニ　山林(保安林を含む)
ホ　原野
ヘ　牧場
ト　池沼
チ　鉱泉地
リ　雑種地(墓地等を含む)

なお,地目は課税時期の現況により判定する(評基通7)。

(2) 評価区分の特例

＜2以上の地目からなる一団の土地の評価＞

2以上の地目からなる土地が一体として利用されている場合,当該一団の土地については,そのうち主たる地目からなるものとして,その一団の土地ごとに評価することとなる(評基通7但書)。

【事例】住宅地にあるゴルフ練習場（1万8,000㎡，普通住宅地区）

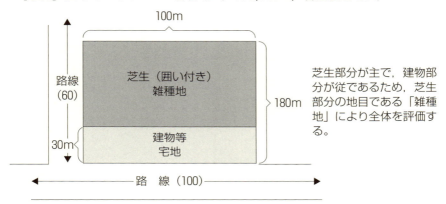

① 正面路線価

100,000円×0.80（奥行180ｍの奥行価格補正率）＝80,000円

② 側方路線影響加算

60,000円×0.80（奥行100ｍの奥行価格補正率）×0.03（側方路線影響加算率）
＝1,440円

③ 1㎡当たりの評価額

80,000円＋1,440円＝81,440円

④ 評価額

81,440円×18,000㎡（地積）＝1,465,920千円

なお，建物敷地以外の雑種地部分を宅地とする場合に造成工事が必要と認められるときには，上記評価額から所要の調整を行う必要がある。

＜隣接地の評価＞

また，市街化調整区域以外の都市計画区域で市街地的形態を形成する地域において，以下に掲げる土地の評価区分（地目）について，いずれか2以上の地目の土地が隣接しており，その形状，地積の大小，位置等から判断して，これらを一団として評価することが合理的と認められる場合には，その一団の土地ごとに評価するものとされている（評基通7なお書）。

イ 評基通40の定めにより評価する「市街地農地（生産緑地を除く）」

ロ 評基通40-2の定めにより評価する「広大な市街地農地（生産緑地を除く）」

ハ 評基通49の定めにより評価する「市街地山林」

ニ 評基通49-2の定めにより評価する「広大な市街地山林」

ホ 評基通58-3の定めにより評価する「市街地原野」

ヘ 評基通58-4の定めにより評価する「広大な市街地原野」

ト 評基通82の定めにより評価する「宅地と状況が類似する雑種地」

【事例】土地の評価上の区分

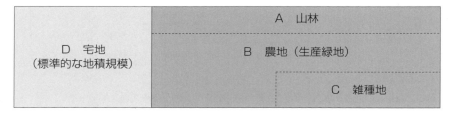

D宅地は評価区分の原則的取扱いに基づき、単独で一評価単位として取扱うこととなる。一方、残りのA・B・Cであるが、生産緑地は非宅地化を前提としたものであり、価格形成は単独で決定されるべきものと考えられるため、別個に取り扱うべきものとなる。したがって、A・B・Cを一団の土地として一評価単位として扱うのではなく、Aは山林、Bは農地（生産緑地）、Cは雑種地として別個の評価単位として取り扱うこととなる。

(3) 地積

土地の地積は、課税時期における実際の面積によることとなる（評基通8）。「実際の面積」とは、固定資産税の土地課税台帳における地積ではなく、実際地積を指すが、必ずしも「実測」を要求するものではない。

なお、実際地積と固定資産税の土地課税台帳の地積とが異なる土地について、倍率方式で評価する場合には、その土地の固定資産税評価額に直ちに倍率を乗じるのではなく、まずその土地の実際地積に対応する固定資産税評価額を求め、

その価額に倍率を乗じて評価額を求めるのが原則である。しかし，その土地の実際地積に対応する固定資産税評価額は，特に支障がない限り，便宜的に以下の算式で求めることができる[41]。

$$\text{その土地の固定資産税評価額} \times \frac{\text{実際の地積}}{\text{台帳上の地積}} \times \text{倍率}$$

(4) 土地の評価単位

土地及び土地の上に存する権利の評価単位は，原則として以下に掲げる評価単位ごとに評価するものとされている（評基通7-2）。

○土地及び土地の上に存する権利の評価単位

地目等の区分	評価単位
宅地及び宅地の上に存する権利	一画地の宅地 ただし，不合理分割の場合，分割前の画地を「一画地の宅地」とする（不合理分割の特例）
農地（田及び畑）及び農地の上に存する権利	一枚の農地 ただし，宅地比準方式で評価する市街地周辺農地，市街地農地及び生産緑地は，利用単位となっている一団の農地。この場合，上記「不合理分割の特例」を準用
山林及び山林の上に存する権利	一筆の山林 ただし，宅地比準方式で評価する市街地山林は，利用単位となっている一団の山林。この場合，上記「不合理分割の特例」を準用
原野及び原野の上に存する権利	一筆の原野 ただし，宅地比準方式で評価する市街地原野は，利用単位となっている一団の原野。この場合，上記「不合理分割の特例」を準用
牧場及び牧場の上に存する権利	「原野」に準ずる

---

41 谷口前掲注31書41～42頁参照。

池沼及び池沼の上に存する権利	「原野」に準ずる
鉱泉地及び鉱泉地の上に存する権利	一筆の鉱泉地
雑種地及び雑種地の上に存する権利	利用単位となっている一団の雑種地 ただし，市街化区域内に存する宅地比準方式で評価する一定の雑種地は，一団として評価することが認められる場合に，その一団の雑種地。この場合，上記「不合理分割の特例」を準用

　上記でいう「不合理分割」とは，贈与，遺産分割等により親族間等で宅地が分割された場合で，無道路地，帯状地又は著しく狭隘な画地を創出するなど，現実の利用状況を無視した不合理な分割が行われた場合の，その分割をいう。不合理分割がなされた場合には，その分割前の画地を一画地の宅地として評価する（不合理分割の特例，評基通 7 − 2 (1)（注））。

○ 不合理分割の例

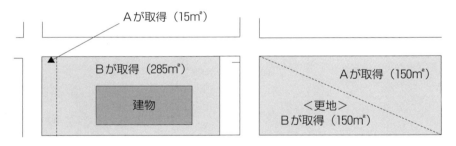

(5) 土地の上に存する権利の評価上の区分

　土地の上に存する権利は，以下の10区分に分類して評価することとなる（評基通 9 ）。
イ　地上権
ロ　区分地上権
ハ　永小作権

⑥ 不動産評価の基礎知識

ニ　区分地上権に準ずる地役権（地価税施行令2①に規定する特別高圧架空電線の架設等を目的として地下又は空中について上下の範囲を定めて設定されたもので，建造物の設置を制限するものをいう）
ホ　借地権
ヘ　定期借地権等
ト　耕作権
チ　温泉権
リ　賃借権
ヌ　占用権

(6)　宅地の評価

宅地の評価方法には，路線価方式と倍率方式の二種類がある（評基通11）。

＜路線価方式＞

路線価方式とは，不特定多数の者の通行の用に供されている道路である「路線」に付される「路線価」を基礎に宅地の価額を評価する方法である。したがって，一般に道路網が発達し，路線ごとに地価事情が異なるような市街地を形成する地域の宅地の評価方法に適しているといえる[42]。

路線価方式による宅地の評価の実際については，第2章①参照。

＜倍率方式＞

倍率方式とは，固定資産税評価額に，国税局長が一定の地域ごとにその地域の実情に即して定めた倍率（評価倍率）を乗じて計算した金額により評価する方法である（評基通21）。したがって，一般に比較的地価の開差の小さい郊外の宅地，農村の宅地等に適した評価方法であるといえる[43]。

東京国税局管内で使用されている評価倍率表の例（平成27年分）は次頁のとおりである。

42　谷口前掲注31書48頁。
43　谷口前掲注31書48頁。

平成27年分　倍率表　　　　　　　　　　　　　　　　1頁

市区町村名：あきる野市　　　　　　　　　　　　　　青梅税務署

音順	町（丁目）又は大字名	適用地域名	借地権割合%	固定資産税評価額に乗ずる倍率等						
				宅地	田	畑	山林	原野	牧場	池沼
あ	秋川1～6丁目	全域	―	路線	比準	比準	比準	比準		
	秋留1～5丁目	全域	―	路線	比準	比準	比準	比準		
	雨間	市街化調整区域								
		1　農業振興地域内の農用地区域								
		(1)　JR五日市線以北の地域			純 11	純 17				
		(2)　上記以外で秋川以北の地域			純 11	純 17				
		(3)　上記以外の地域			純 11	純 15				
		2　上記以外の地域								
		(1)　秋川以北の地域	50	1.1	中 15	中 24	中 60	中 60		
		(2)　上記以外の地域	40	1.1	中 15	中 21	中 26	中 26		
		市街化区域								
		1　一部	―	路線	比準	比準	比準	比準		
		2　上記以外の地域	50	1.1	比準	比準	比準	比準		
	油平	全域	50	1.1	比準	比準	比準	比準		
	網代	農業振興地域内の農用地区域			純 25	純 18				
		上記以外の地域	40	1.2	中 28	中 22	純 11	純 11		
い	五日市	市街化調整区域								
		1　農業振興地域内の農用地区域								
		(1)　主要地方道33号線（檜原街道）以南の地域			純 10	純 15				
		(2)　上記以外の地域			純 21	純 17				
		2　上記以外の地域								
		(1)　主要地方道33号線（檜原街道）以南の地域	50	1.1	中 14	中 20	純 3.1	純 3.1		
		(2)　上記以外の地域	50	1.1	中 28	中 23	純 3.1	純 3.1		
		市街化区域	50	1.1	比準	比準	比準	比準		
	入野	市街化調整区域								
		1　農業振興地域内の農用地区域			純 18	純 16				
		2　上記以外の地域	40	1.1	中 19	中 22	純 3.0	純 3.0		

7　不動産評価の巧拙が相続税額に及ぼす影響

　財産評価が相続税額にダイレクトに影響を及ぼすことはこれまで説明したとおりであるが，これを少し具体的な事例でみていくとよりイメージがはっきりするものと思われる。不動産評価の巧拙が相続税額に及ぼす影響の大きいものの典型が「広大地の評価」である（評基通24－4）。

　広大地の評価については第3章6でも説明するが，相続税を担当する税理士にとっても不動産評価の中で最も厄介な分野である。このことが特に顕著になったのは，平成16年6月4日付の財産評価基本通達の改正により，平成16年1月1日以降「広大地補正率」を用いて算定する方法になったことがその原因であるものと考えられる。すなわち，それまで（平成6年1月1日以降平成15年12月31日まで）の広大地の評価方法は，まず「開発想定図」を作成し，公共公益的施設用地の部分を除外した宅地（有効宅地）が全体に占める割合（有効宅地化率）を算定する方法であったが，当該割合は必ずしも一義的に算定できるものではなく，実務的観点からは，ある意味課税庁との事前の交渉の余地があるものであった[44]。

　ところが改正後の通達によれば，まずその土地が広大地に該当するかどうかが判定され，該当する場合，土地の地積により画一的に決まる「広大地補正率」に正面路線価及び地積を乗じることとされている。したがって，税務調査において入り口で「広大地に該当しない」と判断された場合，交渉の余地なく少なからぬ金額の追徴課税を余儀なくされるのである。相続税の申告における広大地の評価の適用は，納税者にとっても税理士にとっても大きなリスク要因

---

[44] 無論，厳密にいえば，合法性の原則が支配する租税法の世界では課税庁との「交渉」が生じること自体問題とされるのかもしれない。しかし，そもそも「広大地の評価」は通達に過ぎないため当該原則の適用はないものと考えられる。また，「広大地の評価」の改正により課税庁が（実態を無視した）画一的な取扱いを強行し，納税者がその解釈や取扱いに疑義がある場合には，すべて争訟手続により白黒をつけるということになっているのが実情であるが，果たしてこれが妥当な租税政策といえるのかについては議論の余地があるだろう。

となるわけである。

このことを以下の事例（平成27年1月に相続発生）で確認してみよう。

【事例】

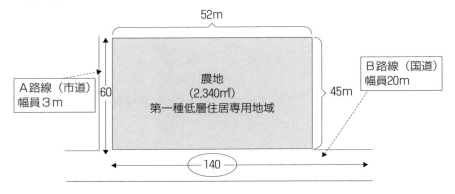

上記の土地（農地）に関し，国道B路線沿いの近隣の地域に自動車メーカーの営業所，配送センター，ドライブイン等が混在しており，当該地域の標準的な土地の地積と比較して著しく広大な土地ではないと判断して，「広大地」に該当せず，通常の評価を行った場合，その評価額は以下のとおりとなる。

＜広大地の評価を行わなかった場合＞

140,000円×0.91（奥行価格補正率）＝127,400円

127,400円＋60,000円×0.88（奥行価格補正率）×0.03（側方路線影響加算率）
＝128,984円

評価額＝128,984円×2,340㎡（地積）＝301,822,560円…①

一方，当該農地の存する同一用途地域（第一種低層住居専用地域）内の地価公示法に基づく標準地の地積は150㎡であり，近隣の開発済宅地の一区画の地積は200㎡であることを踏まえると，当該農地はその地域における標準的な宅地の地積と比較しても著しく広大な土地と判断し，広大地の評価を行った場合，その評価額は以下のとおりとなる。

＜広大地の評価を行った場合＞

広大地補正率 = 0.6 − 0.05 × $\dfrac{2,340㎡}{1,000㎡}$ = 0.483

評価額 = 140,000円 × 0.483（広大地補正率）× 2,340㎡（地積）
　　　 = 158,230,800円…②

① − ② = 143,591,760円

② ／ ① = 52.4％

すなわち，広大地の評価を適用した場合，適用しなかった場合と比較すると，評価額にして143,591,760円減額され，率にして47.6％圧縮されるわけである。減額評価の適用の有無が相続税額に及ぼす影響が小さくないことが分かるだろう。

なお，本件のように「その地域の標準的な宅地の地積」から広大地の該当性を判断した裁決事例として，国税不服審判所平成14年2月25日裁決・TAINS　F0-3-054がある。

8　現地確認調査の意義

(1) 現地確認調査とは

相続税の申告において，課税財産の評価は重要な位置を占めるが，その評価，中でも不動産の評価を適切に行うために必要な作業が，実際に現地に赴いて不動産の状況を確認する「現地確認調査」である。

現地確認調査は果たして必須なのか，という点については，資産税に携わる税理士の間でも意見の相違がある。筆者は基本的に，①不動産の筆数が少ない，②不動産が遠隔地（海外など）にある，③不動産が倍率地域に所在し評価額が低い，といった事例でない限りすべて現地確認を行うべきと考えている。なぜなら，不動産の評価に影響を及ぼす道路付け幅員，地盤の状況（軟弱かどうか），土地の利用状況，空地・空家の状況（空地に産業廃棄物が不法投棄され

ていて莫大な除去費用を要する悲惨な例もある），建物の状況（登記簿に反映されていない増改築がないか），通路の状況（不特定多数の者の通行の用に供されているか），勾配の状況，高圧鉄線や産業廃棄物処理場の有無，周辺環境，周辺建物の利用状況といった情報は，よほど土地勘のある場所でない限り，現地に行って初めて把握できるのが一般的であるからである（「百聞は一見に如かず」）。

また，現地確認調査により，接道義務等の建築基準法等の関連法規の違反の有無が判明したり，測量や不動産鑑定評価の必要性に気付かされることも少なくない。このような場合，税理士だけでは手に負えず，一級建築士や測量士，土地家屋調査士，不動産鑑定士といった専門家との協働が必須となる。仮にこのような協働が必要な場合，申告期限に間に合わせるために，早めの現地確認調査が必要となるだろう。都市計画法や建築基準法等の関連法規の違反の有無や制限等（例えば，計画道路や埋蔵文化財の包蔵地[45]）を確認するためには，地元自治体にも足を運ぶことが必要となるため，これも現地確認調査における要調査事項といえる。ここで留意すべきは，いかに評価業務において他の士業との協働が必要であるといえども，不動産に携わる税理士は，不動産関連法規の基本的な事項[46]を押さえておかないと，本業である税務申告業務のスムーズな遂行に支障をきたすということである。

さらに，現地調査においては，デジタルカメラで評価対象地の現況やその周辺の状況を撮影するとともに，巻尺等を持参し簡易的な測量[47]を行っておくと，申告時の評価の参考資料になるため自分の行った評価に自信が持てることから，税務調査でもそれが有利に働くことが多い。

45　文化財保護法は，周知の埋蔵文化財包蔵地において土木工事などの開発事業を行う場合には，都道府県・政令指定都市等の教育委員会に事前の届出等を行い（文化財保護法93・94），新たに遺跡を発見した場合にも届出等を行うよう求めている（同法96・97）。平成10年9月29日文化庁「埋蔵文化財の保護と発掘調査の円滑化等について（通知）」参照。
46　税理士でも学生時代「宅建（宅地建物取引主任者）」を勉強し試験に合格した者は多いと思われるが，恐らくそのレベルの知識が基準となるであろう。
47　通達では評価に用いる地積は「実際の面積」とされており，必ずしも厳密な測量が要求されているわけではない（評基通8）。

仮に，現地確認調査で把握できるような情報を見落として評価誤り[48]を犯してしまうと，納税者の信用を失うだけにとどまらず，損害賠償につながる可能性もある。相続税の申告誤りに伴う賠償は，その金額によっては関与した税理士事務所の存続を脅かす可能性さえ秘めているため，専門家として押さえておくべき「手順」は確実に押さえておきたいところである。

(2) 現地確認調査が評価に影響を及ぼす例

現地確認調査で把握した情報が評価に寄与するケースとして，次の事例を見ていこう。

【事例】水路に面した宅地の評価

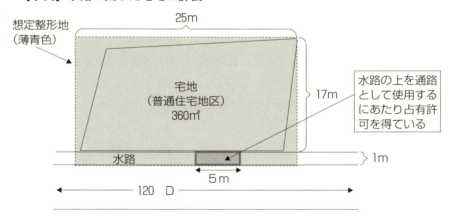

上記図で，実線部分が評価対象地（地積360㎡）である。評価対象地は不整形地であるため，想定整形地を設定する必要があるが，実地調査により，水路を隔てて幅5mの通路により道路（正面路線）に接していることが分かった。当該水路の上の通路は地元自治体道路管理課から占有許可を得ているため，無道路地ではない。

---

48 もっとも，相続税実務に不慣れで過度に保守的な申告書を作成した税理士の関与先に，「更正の請求で多額の還付金が得られる」旨を働きかける同業者も最近増加中である。筆者としては，このような「ハゲタカ」ビジネスに関わるよりも，業界全体のレベルアップに寄与したいと考えている。

この場合、評価対象地の評価は以下のとおり行う。

＜不整形地補正率の計算＞

25m（想定整形地の間口距離）×18m（想定整形地の奥行距離、水路分を含む）
＝450㎡

（450㎡－360㎡）÷450㎡＝20％（陰地割合）⇒不整形地補正率表の補正率：0.94

0.94×0.94（間口5mに対応する間口狭小補正率）
＝0.88（小数点以下2位未満切捨て）…ア

0.96（奥行長大補正率）×0.94（間口狭小補正率）
＝0.90（小数点以下2位未満切捨て）…イ

ア＜イ　∴不整形地補正率＝0.88

＜不整形地の評価額＞

不整形地の評価額（1㎡当たり）＝120,000円×1.00（奥行価格補正率）×0.88
＝105,600円

評価対象地の評価額＝105,600円×360㎡（地積）＝38,016,000円

(3) 登記情報の取得

　現地調査が重要であるとはいっても、ただ闇雲に現地調査に行けばよいというものではない。そんなことをすれば調査費用がかさむ一方で、当該費用をすべてクライアントに請求できるわけではなく、必然的に持ち出しが生じるからである。そのため、現地における実地調査をより効率的・効果的に行うため、その前に行う事前調査が必要になる。

　不動産に関する事前調査において重要なのは、まずは評価対象地の特定（物件の特定）であり、そのために必要な情報として欠かせないのが、「登記情報」である。登記情報の収集は、主として以下の二つの方法がある。

① 登記事項証明書

不動産に関する登記情報収集に関し基本となるのは，法務局の発行する「登記事項証明書」である。現在，「登記事項証明書」は法務局へ足を運ばずともインターネット経由で郵送により取り寄せること（オンライン請求）ができるため，特に遠隔地の物件については便利である。この場合，法務省の提供する以下のHP（登記ねっと）から「申請用総合ソフト」をダウンロードする必要がある。

○申請用総合ソフトのダウンロードページ

http://www.touki-kyoutaku-net.moj.go.jp/download.html

② 登記情報提供サービス

相続税の事案を相当数扱っている税理士事務所であれば上記①によることも検討すべきであるが，そこまでいかない税理士の場合，より簡便で便利な登記情報収集の方法は，一般財団法人民事法務協会が提供する「登記情報提供サービス」の利用である。「登記情報提供サービス」により得られる登記情報（PDFファイルにより提供）は，基本的に法務局から入手できる「登記事項証明書」の内容と同じであるが，公印等は付加されず，法的な証明力はない。

登記情報を検索する際厄介なのは，日常生活で利用されている住居表示ではなく，「地番」を把握しなければならないことであるが，登記情報提供サービスの場合，2015年4月30日から東京23区についてインターネット上の住宅地図から地番検索が行えるようになった。当該サービスは同年7月1日から日本全国433市町村にサービスエリアが拡大している。

登記情報提供サービスのHPのURLは次のとおりである。

○登記情報提供サービスのHP

```
http://www1.touki.or.jp/gateway.html
```

上記二つの方法の特徴を比較すると，以下の表のとおりとなる。

○法務局のオンライン請求と登記情報提供サービスとの比較

	オンライン請求	登記情報提供サービス
運営主体	法務省	一般財団法人民事法務協会
入手できるもの	登記事項証明書 プリントアウトされた紙媒体	登記情報 電子媒体（PDF）
入手できるものの効力	証明力あり	証明力なし
主たる用途	官公庁や金融機関など，第三者に提出する場合	第三者への提出が不要な場合
手数料	郵送の場合：500円 窓口交付の場合：480円	337円 初期費用は個人の場合300円
手数料の支払方法	インターネットバンキング ペイジー	原則としてクレジットカード

　ここで留意すべきは，登記情報提供サービスで得られる登記情報には証明力はないものの，相続税の申告書には原則として証明力のある「登記事項証明書」の添付は不要である，という点である（次頁以下の国税庁「相続税の申告の仕方（平成27年分）」中の「相続税の申告の際に提出していただく主な書類」参照）。したがって，申告の際に登記情報は重要であり可能な限り幅広に収集することが必要ではあるが，添付書類ではないため，「登記事項証明書」ではなく登記情報提供サービスの「登記情報」で概ね代用できるということになる。

　なお，いずれのサービスも，不動産登記情報のみならず商業登記の情報も取得することができるので，法人税等の税務申告においても有用である。

8 現地確認調査の意義　105

(参考)　相続税の申告の際に提出していただく主な書類
1　相続税の申告書に添付して提出していただく主な書類は次のとおりです。詳しくは税務署にお尋ねください。
　　なお、重複する書類がある場合には、重ねて提出していただく必要はありません。
(1)　一般の場合（(2)～(9)の特例等の適用を受けない場合）

①	被相続人の全ての相続人を明らかにする戸籍の謄本（相続開始の日から10日を経過した日以後に作成されたもの）
②	遺言書の写し又は遺産分割協議書の写し
③	相続人全員の印鑑証明書（遺産分割協議書に押印したもの）
④	相続時精算課税適用者がいる場合には、被相続人及び相続時精算課税適用者の戸籍の附票の写し（相続開始の日以後に作成されたもの）
(注)	②及び③の書類については、提出をお願いしている書類です。

(2)　配偶者の税額軽減（10ページ参照）の適用を受ける場合

①	被相続人の全ての相続人を明らかにする戸籍の謄本（相続開始の日から10日を経過した日以後に作成されたもの）
②	遺言書の写し又は遺産分割協議書の写し
③	相続人全員の印鑑証明書（遺産分割協議書に押印したもの）
④	申告期限後3年以内の分割見込書（申告期限内に分割ができない場合に提出してください。）

(3)　小規模宅地等の特例（15ページ参照）の適用を受ける場合

①	被相続人の全ての相続人を明らかにする戸籍の謄本（相続開始の日から10日を経過した日以後に作成されたもの）	
②	遺言書の写し又は遺産分割協議書の写し	
③	相続人全員の印鑑証明書（遺産分割協議書に押印したもの）	
④	申告期限後3年以内の分割見込書（申告期限内に分割ができない場合に提出してください。）	
⑤ 特定居住用宅地等に該当する宅地等	1	住民票の写し（相続開始の日以後に作成されたもの）
	2	被相続人の親族で、相続開始前3年以内に自己又は自己の配偶者の所有する家屋に居住したことがないことなど一定の要件を満たす人が、被相続人の居住の用に供されていた宅地等について特例の適用を受ける場合（17ページの〔特定居住用宅地等の要件〕①の3の親族が特例の適用を受ける場合） イ　戸籍の附票の写し（相続開始の日以後に作成されたもの） ロ　相続開始前3年以内に居住していた家屋が、自己又は自己の配偶者の所有する家屋以外の家屋である旨を証する書類
	3	被相続人が養護老人ホームに入所していたことなど一定の事由により相続開始の直前において被相続人の居住の用に供されていなかった宅地等について特例の適用を受ける場合（15ページの(注)3に該当する場合） イ　被相続人の戸籍の附票の写し（相続開始の日以後に作成されたもの） ロ　介護保険の被保険者証の写しや障害者の日常生活及び社会生活を総合的に支援するための法律第22条第8項に規定する障害福祉サービス受給者証の写しなど、被相続人が介護保険法第19条第1項に規定する要介護認定、同条第2項に規定する要支援認定を受けていたこと若しくは介護保険法施行規則第140条の62の4第2号に該当していたこと又は障害者の日常生活及び社会生活を総合的に支援するための法律第21条第1項に規定する障害支援区分の認定を受けていたことを明らかにする書類 ハ　施設への入所時における契約書の写しなど、被相続人が相続開始の直前において入居又は入所していた施設が次の施設の名称及び所在地並びにその住居又は施設がいずれに該当するかを明らかにする書類 　(イ)　老人福祉法第5条の2第6項に規定する認知症対応型老人共同生活援助事業が行われる住居、同法第20条の4に規定する養護老人ホーム、同法第20条の5に規定する特別養護老人ホーム、同法第20条の6に規定する軽費老人ホーム又は同法第29条第1項に規定する有料老人ホーム 　(ロ)　介護保険法第8条第27項に規定する介護老人保健施設 　(ハ)　高齢者の居住の安定確保に関する法律第5条第1項に規定するサービス付き高齢者向け住宅（(イ)の有料老人ホームを除きます。） 　(ニ)　障害者の日常生活及び社会生活を総合的に支援するための法律第5条第11項に規定する障害者支援施設（同条第10項に規定する施設入所支援が行われるものに限ります。）又は同条第15項に規定する共同生活援助を行う住居
⑥ 特定事業用宅地等に該当する宅地等		一定の郵便局舎の敷地の用に供されている宅地等の場合には、総務大臣が交付した証明書
⑦ 特定同族会社事業用宅地等に該当する宅地等		イ　特例の対象となる法人の定款（相続開始の時に効力を有するものに限ります。）の写し ロ　特例の対象となる法人の相続開始の直前における発行済株式の総数又は出資の総額及び被相続人及び被相続人の親族その他被相続人と特別の関係がある者が有する法人の株式の総数又は出資の総額を記載した書類（特例の対象となる法人が証明したものに限ります。）

(注)　1　小規模宅地等の特例の適用を受ける場合には、①～④に掲げる書類を提出するとともに、この特例の適用を受ける宅地等の区分（⑤～⑦）に応じ、それぞれ⑤～⑦に掲げる書類を提出してください。
　　　2　⑤の宅地等について特例の適用を受ける場合には、⑤の1に掲げる書類を提出（被相続人の配偶者が特例の適用を受ける場合は提出不要です。）するとともに、⑤の2又は3の場合に該当するときには、それぞれ⑤の2又は3に掲げる書類を提出してください。

(4)　特定計画山林の特例（18ページ参照）の適用を受ける場合

①	被相続人の全ての相続人を明らかにする戸籍の謄本（相続開始の日から10日を経過した日以後に作成されたもの）
②	遺言書の写し又は遺産分割協議書の写し
③	相続人全員の印鑑証明書（遺産分割協議書に押印したもの）
④	申告期限後3年以内の分割見込書（申告期限内に分割ができない場合に提出してください。）
⑤	市町村長等の認定を受けた森林経営計画書の写し
⑥	その他特例の適用要件を確認する書類

(5)　特定受贈同族会社株式等に係る特定事業用資産の特例（20ページ参照）の適用を受ける場合

①	被相続人の全ての相続人を明らかにする戸籍の謄本（相続開始の日から10日を経過した日以後に作成されたもの）
②	遺言書の写し又は遺産分割協議書の写し
③	相続人全員の印鑑証明書（遺産分割協議書に押印したもの）
④	その他特例の適用要件を確認する書類

(6) 農地等についての相続税の納税猶予及び免除の特例（21ページ参照）の適用を受ける場合

①	被相続人の全ての相続人を明らかにする戸籍の謄本（相続開始の日から10日を経過した日以後に作成されたもの）
②	遺言書の写し又は遺産分割協議書の写し
③	相続人全員の印鑑証明書（遺産分割協議書に押印したもの）
④	相続税の納税猶予に関する適格者証明書
⑤	担保関係書類　※担保関係書類の主なもの（担保が特例農地等の場合） ・登記事項証明書（登記簿謄本）・固定資産税評価証明書など特例農地等の評価の明細　・抵当権設定に必要な書類（抵当権設定登記承諾書、印鑑証明書）を提出する旨の申出書

(注) 特定貸付けを行っている農地又は採草放牧地について、農地等についての相続税の納税猶予及び免除の特例の適用を受ける場合には、「特定貸付けに関する届出書」及びその添付書類を相続税の申告書に添付して提出します。
※ 特定貸付けを行った日の翌日から2か月を経過する日が相続税の申告書の提出期限となる場合で、申告書に届出書を添付して提出ができないときには、申告書に「農業相続人が特定貸付けを行った特定貸付農地等に関する明細書」を添付して提出し、届出書は特定貸付けを行った日から2か月以内に提出します。

(7) 非上場株式等についての相続税の納税猶予及び免除の特例（25ページ参照）の適用を受ける場合

①	被相続人の全ての相続人を明らかにする戸籍の謄本（相続開始の日から10日を経過した日以後に作成されたもの）
②	遺言書の写し又は遺産分割協議書の写し
③	相続人全員の印鑑証明書（遺産分割協議書に押印したもの）
④	中小企業における経営の承継の円滑化に関する法律施行規則第7条第4項の経済産業大臣の認定書の写し及び同条第3項の申請書の写し
⑤	会社の定款の写し
⑥	その他特例の適用要件を確認する書類
⑦	担保関係書類　※担保関係書類の主なもの（担保が特例非上場株式等の場合） (1) 株式の場合 　イ　株券発行会社の場合 　　・供託書正本（株券を法務局（供託所）に供託する必要があります。） 　ロ　株券不発行会社の場合 　　・相続人等が所有する非上場株式についての質権設定の承諾書　・印鑑証明書（質権設定の承諾書に押印したもの） 　　※ 質権設定後に、会社法第149条第1項の書面を提出する必要があります。 (2) 出資の持分の場合 　・質権設定の承諾書　・印鑑証明書　・特例非上場株式等に係る会社が自社の持分に質権を設定されることについて承諾したことを証する書類（非上場株式等についての相続税の納税猶予の特例の適用を受ける経営承継相続人等が持分の全部を担保提供する場合に限ります。）

(注) 詳しくは「非上場株式等についての相続税の納税猶予の特例のチェックシート」（83、84ページ）をご覧ください。

(8) 山林についての相続税の納税猶予及び免除の特例（31ページ参照）の適用を受ける場合

①	被相続人の全ての相続人を明らかにする戸籍の謄本（相続開始の日から10日を経過した日以後に作成されたもの）
②	遺言書の写し又は遺産分割協議書の写し
③	相続人全員の印鑑証明書（遺産分割協議書に押印したもの）
④	特例の適用要件に該当することについての市町村長の証明書及び農林水産大臣の証明書並びに農林水産大臣の確認書
⑤	市町村長等の認定を受けた森林経営計画書の写し及びその森林経営計画の市町村長等の認定に係る通知の写し
⑥	森林法第17条第2項の届出書の写し
⑦	その他特例の適用要件を確認する書類
⑧	担保関係書類　※担保関係書類の主なもの（担保が特例山林の場合） ・登記事項証明書（登記簿謄本）・固定資産税評価証明書など特例山林の評価の明細　・抵当権設定に必要な書類（抵当権設定登記承諾書、印鑑証明書）を提出する旨の申出書

(9) 医療法人の持分についての相続税の納税猶予及び免除・税額控除の特例（35ページ参照）の適用を受ける場合

①	被相続人の全ての相続人を明らかにする戸籍の謄本（相続開始の日から10日を経過した日以後に作成されたもの）
②	遺言書の写し又は遺産分割協議書の写し
③	相続人全員の印鑑証明書（遺産分割協議書に押印したもの）
④	認定医療法人の定款の写し（厚生労働大臣の認定を受けたことを証する書類）
⑤	認定医療法人の認定移行計画の写し
⑥	相続開始の直前及び相続開始の時における認定医療法人の出資者名簿の写し
⑦	医療法人の持分についての相続税の税額控除の特例の適用を受ける場合 認定医療法人の持分の放棄をする際に認定医療法人に提出した厚生労働大臣が定める「出資持分の放棄申出書」（認定医療法人が受理した年月日の記載があるものに限ります。）の写し
⑧	医療法人の持分についての相続税の税額控除の特例の適用を受ける場合 相続人等による認定医療法人の持分の放棄の直前及びその放棄の時におけるその認定医療法人の出資者名簿の写し
⑨	医療法人の持分についての相続税の税額控除の特例の適用を受ける場合（38ページの(注)②の場合（認定医療法人が基金拠出型医療法人への移行をする場合において、持分の一部を放棄し、その残余の部分を基金として拠出したとき）に限ります。） 基金拠出型医療法人の定款（認定医療法人から基金拠出型医療法人への移行のための医療法第50条第1項の規定による都道府県知事の認可を受けたものに限ります。）の写し
⑩	その他特例の適用要件を確認する書類
⑪	医療法人の持分についての相続税の納税猶予及び免除の特例の適用を受ける場合 担保関係書類　※担保関係書類の主なもの（担保が特例の適用に係る認定医療法人の持分の場合） ・質権設定の承諾書　・印鑑証明書　・特例の適用に係る認定医療法人の持分に質権を設定されることについて承諾した旨が記載された公正証書など、相続税特別措置法施行規則第23条の12の第1項第3号に規定する書類

(注) 医療法人の持分についての相続税の納税猶予及び免除の特例の適用を受ける場合には、①～⑥及び⑪に掲げる書類を、医療法人の持分についての相続税の税額控除の特例の適用を受ける場合には、①～⑨に掲げる書類（⑨については、一定の場合に限ります。）を提出してください。

2 相続税の納付について延納申請又は物納申請を行う場合に提出していただく主な書類は次のとおりです。

(1) 延納申請（45ページ参照）を行う場合

①	・延納申請書　・金銭納付を困難とする理由書　・担保目録及び担保提供書　・不動産等の財産の明細書
②	**担保提供関係書類**　※担保提供関係書類の主なもの（担保が土地の場合） ・登記事項証明書（登記簿謄本）　・固定資産税評価証明書など土地の評価の明細　・抵当権設定に必要な書類（抵当権設定登記承諾書、印鑑証明書）を提出する旨の申出書

（注）　詳しくは「相続税・贈与税の延納の手引」をご覧ください。

(2) 物納申請（46ページ参照）を行う場合

①	・物納申請書　・金銭納付を困難とする理由書　・物納財産目録
②	・物納手続関係書類（登記事項証明書（登記簿謄本）、公図、所在図その他必要な書類）

（注）　詳しくは「相続税の物納の手引」をご覧ください。

9　国外財産の評価

(1)　国外財産の評価の必要性

　贈与税の巨額課税事件である「武富士事件」で世間一般にも知られるようになったが、橋本内閣時の1996年に始まるいわゆる「金融ビッグバン」以降、日本の富裕層も相続税対策の一環として、本格的に海外で資産運用を行うようになった。そのような状況の中、「武富士事件」のような国外に所在する財産（国外財産）を利用した相続税・贈与税の租税回避事案が無視できなくなったため、平成12年度の税制改正で、非居住者であっても一定の要件を満たした場合には国外財産も課税対象となるという相続税法の改正がなされたところである。

　このような相続税法の改正の結果、国外財産についても評価する必要が出てきたため、財産評価基本通達においても、平成12年の改正で国外財産の評価について新たにその基準が定められたところである（評基通5－2）。

(2)　国外財産の意義

　国外財産の評価は通達で定められているが、そもそも相続税法上の「国外財産」とはどのような財産を指すのであろうか。相続税法によれば、国内財産は相続税の施行地、すなわち日本国内にある財産であり、国外財産は相続税の施

行地，すなわち日本国内にある財産以外の財産をいうものと解される（相法1の3三，1の4三）。

それでは，財産が日本国内にあるのかどうか，すなわち「財産の所在地」はどのように決定するのであろうか。これも相続税法に規定がある（相法10）。例えば，本書が主たる対象としている不動産又は不動産の上に存する権利は，その不動産の「所在地」とされる（相法10①一，ただし，船舶又は航空機については，船籍又は航空機の登録をした機関の所在地）。

(3) 通達に定める評価方法

通達によれば，国外財産についても，財産評価基本通達に定める評価方法により評価するものとされている（評基通5－2）。

また，財産評価基本通達に定める評価方法により評価することができない財産については，当該通達に定める評価方法に準じて，又は，売買実例価額，精通者意見価格等を参酌して評価するものとされている（評基通5－2）。

さらに，財産評価基本通達に定める評価方法により評価することができない財産については，課税上弊害がない限り[49]，

① その財産の取得価額を基にその財産の所在する地域・国におけるその財産と同一種類の財産の一般的な価格動向に基づき時点修正して求めた価額
　又は
② 課税時期後にその財産を譲渡した場合における譲渡価額を基に課税時期現在の価額として算出した価額

により評価することができる（評基通5－2（注））。

国外財産の評価に関し，最後に掲げたような「簡便法」が許容される理由としては，国外財産は一般に，その評価の根拠となるような資料の入手が困難で

---

[49] 財産評価基本通達に定める評価方法（原則評価）ではなく別の評価方法を許容する規定（個別的限定条項）であると解されているが，これについては，包括的限定条項である総則6項との適用関係をどう整理するのか曖昧である上，なぜ適正な時価の算定を目的とする財産評価基本通達に租税回避防止を意図する当該文言を含める必要があるのか疑問である，といった批判がある。品川前掲注34書127〜128頁参照。

ある一方で，取得価額や譲渡価額は売買契約書等からその価額を把握しやすいことから，納税義務者の便宜に適っているため，とされている[50]。

　なお，国外財産が土地の場合は，売買実例価額，地価の公示制度に基づく価格及び鑑定評価額等を参酌して評価するものとされる。ただし，課税上弊害がない限り，取得価額又は譲渡価額に，時点修正するための合理的な価格変動率を乗じて評価することができ，この場合の合理的な価格変動率は，公表されている諸外国における不動産に関する統計資料等を参考に求めることができる，とされている[51]。

50　谷口前掲注31書25〜26頁参照。
51　谷口前掲注31書26頁。

不動産評価の実際

1 路線価方式の宅地の評価

(1) 路線価とは

　相続財産の4割強を占める不動産のうち，その大半は路線価方式により評価することとなる「宅地」[1]であると考えられるため，相続税の申告において路線価方式による評価に精通することは何よりも重要であるといえる。

　そもそも「路線価」とは，宅地の価額が概ね同一と認められる一連の宅地が面している「路線（不特定多数の者の通行の用に供されている道路をいう）」ごとに，売買実例価額，公示価格，不動産鑑定士等による鑑定評価額，精通者意見等を基として国税局長が評定したその路線に接する宅地の1㎡当たりの価額をいう（評基通14）。

　なお，路線価は実勢の市場価格の約8割で評価されているとされる[2]。

(2) 路線価方式による評価方法の基本

　路線価方式による宅地（自用地）の基本的な評価方法のステップは以下のとおりである。

```
┌─────────────────────────────────────────┐
│           正面路線の判定                  │
└─────────────────────────────────────────┘
                    ↓
┌─────────────────────────────────────────┐
│  奥行価格補正率・側方路線影響加算率等の算定  │
└─────────────────────────────────────────┘
                    ↓
┌─────────────────────────────────────────┐
│ 上記補正後の1㎡当たりの価額に地積を乗じて評価額を算定 │
└─────────────────────────────────────────┘
```

1　建物の敷地及びその維持等を果たすために必要な土地をいい，居住用のみならず事務所・店舗用，工場・倉庫用の敷地，庭園，私道等として利用されている。
2　平成4年から公示価格水準の8割で評価することとされている。品川芳宣・緑川正博『徹底対論／相続税財産評価の論点』（ぎょうせい・平成9年）60頁参照。

【事例】

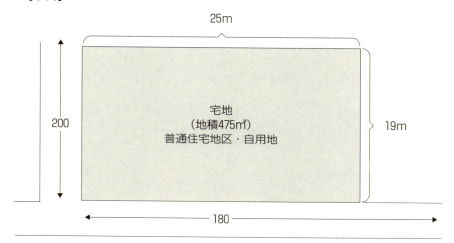

＜正面路線の判定＞

180,000円×1.00（奥行価格補正率）＝180,000円…ア

200,000円×0.99（奥行価格補正率）＝198,000円…イ

ア＜イ　∴200,000円の路線が正面路線

＜評価額の算定＞

200,000円×0.99（奥行価格補正率）＝198,000円

180,000円×1.00（奥行価格補正率）×0.03（側方路線影響加算率）＝5,400円

⇒二路線に面する宅地の補正率

自用地1㎡当たりの価額＝198,000円＋5,400円＝203,400円

自用地の評価額＝203,400円×475㎡＝<u>96,615,000円</u>

上記評価対象地に係る評価明細書の記載例は次頁のとおりである。

第2章 不動産評価の実際

土地及び土地の上に存する権利の評価明細書（第1表）

局(所)	署
年分	ページ

（平成十六年分以降用）

(住居表示)	( )		住所(所在地)			住所(所在地)	
所在地番		所有者	氏名(法人名)		使用者	氏名(法人名)	

地目	地積	路線価				地形図及び参考事項
		正面	側方	側方	裏面	
宅地 原野 田 雑種地 畑 山林	475 m²	200,000 円	180,000 円	円	円	25m ／19m 200 180

| 間口距離 | 19 m | 利用区分 | 自用地 貸家建付地 貸家建付借地権 貸宅地 転貸借地権 貸家建付地 転借権 私道 借家人の有する権利 | 地区区分 | ビル街地区 高度商業地区 繁華街地区 **普通住宅地区** 中小工場地区 大工場地区 普通商業・併用住宅地区 | | |
| 奥行距離 | 25 m | | | | | | |

自用地1平方メートル当たりの価額							
1 一路線に面する宅地　（正面路線価）　　　　　　（奥行価格補正率）　　　　　200,000 円 × 0.99						(1m²当たりの価額) 198,000 円	A
2 二路線に面する宅地 (A) 　（側方／裏面 路線価）（奥行価格補正率）（側方／二方 路線影響加算率） 198,000 円 + (180,000 円 × 1.00 × 0.03)						(1m²当たりの価額) 203,400 円	B
3 三路線に面する宅地 (B) 　（側方／裏面 路線価）（奥行価格補正率）（側方／二方 路線影響加算率） 　　　　　　円 + (　　　円 × 　.　　 × 0.　　)						(1m²当たりの価額) 円	C
4 四路線に面する宅地 (C) 　（側方／裏面 路線価）（奥行価格補正率）（側方／二方 路線影響加算率） 　　　　　　円 + (　　　円 × 　.　　 × 0.　　)						(1m²当たりの価額) 円	D
5-1 間口が狭小な宅地等　（間口狭小補正率）（奥行長大補正率） 　（AからDまでのうち該当するもの） 　　　　　円 × (　.　　 × 　.　　)						(1m²当たりの価額) 円	E
5-2 不 整 形 地 　（AからDまでのうち該当するもの）　不整形地補正率※ 　　　　　円 × 　　0.　　 ※不整形地補正率の計算 （想定整形地の間口距離） （想定整形地の奥行距離） （想定整形地の地積） 　　　m × 　　　m = 　　　m² （想定整形地の地積） （不整形地の地積） （想定整形地の地積）（かげ地割合） (　　m² − 　　m²) ÷ 　　m² = 　　% （不整形地補正率表の補正率） （間口狭小補正率） （小数点以下2位未満切捨て） 　0.　　 × 　0.　　 = 0.　　 ① 　不整形地補正率 （奥行長大補正率） （間口狭小補正率） ①、②のいずれか低い率、0.6を限度とする。 　0.　　 × 　0.　　 = 0.　　 ②						(1m²当たりの価額) 円	F
6 無 道 路 地 (F) 　　　円 × (1 − 0.　　) （※） ※割合の計算（0.4を限度とする。） （正面路線価） （通路部分の地積） (F) （評価対象地の地積） (　　円 × 　　m²) ÷ (　　円 × 　　m²) = 0.						(1m²当たりの価額) 円	G
7 がけ地等を有する宅地 〔 南、東、西、北 〕 　（AからGまでのうち該当するもの）（がけ地補正率） 　　　　　円 × 0.						(1m²当たりの価額) 円	H
8 容積率の異なる2以上の地域にわたる宅地 　（AからHまでのうち該当するもの）（控除割合（小数点以下3位未満四捨五入）） 　　　　　円 × (1 − 0.　　)						(1m²当たりの価額) 円	I
9 私　　　道 　（AからIまでのうち該当するもの） 　　　　　円 × 0.3						(1m²当たりの価額) 円	J

自用地の評価額	自用地1平方メートル当たりの価額 （AからJまでのうちの該当記号） (B) 203,400 円	地積 475 m²	総額 （自用地1m²当たりの価額）×（地積） 96,615,000 円	K

(注) 1　5-1の「間口が狭小な宅地等」と5-2の「不整形地」は重複して適用できません。
　　 2　5-2の「不整形地」の「AからDまでのうち該当するもの」欄の金額について、AからDまでの欄で計算できない場合には、（第2表）の「備考」欄等で計算してください。
　　 3　広大地を評価する場合には、（第2表）の「広大地の評価額」欄で計算してください。

(資4－25－1－A4統一)

(3) 特定路線価

　路線価地域内において，相続税又は贈与税の課税上，以下の図のような路線価の設定されていない道路のみに接している宅地を評価する必要がある場合には，当該道路を路線とみなして，納税義務者からの申出に基づき，宅地を評価するための路線価（特定路線価）を設定することができるものとされている（評基通14－3）。当該取扱いは，それまでの「仮路線価」を設定するという実務慣行を踏まえて，平成12年の通達改正で導入されたものである。

○特定路線価の設定を要する道路の例

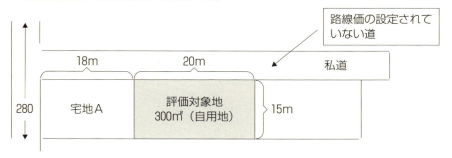

【事例】上記図で特定路線価が200千円の場合
＜正面路線の判定＞
正面路線は特定路線価の付された200,000円の路線である。
＜評価額の算定＞
　200,000円×1.00（奥行価格補正率）＝200,000円⇒自用地1㎡当たりの価額
　自用地の評価額＝200,000円×300㎡＝<u>60,000,000円</u>

　特定路線価は，路線価の設定されていない道路のみに接している宅地を評価する場合に用いられる「便宜的な路線価」である。そのため，路線価の設定されていない道路（特定路線価の設定された道路）と路線価の設定されている道路（路線）の両方に接している宅地の評価に当たっては，特定路線価に係る側方路線影響加算（評基通16），二方路線影響加算（評基通17），三方又は四方路

線影響加算(評基通18)の適用はない[3]。したがって,例えば上記図の「宅地A」については,路線価280千円の路線(一方路線)を基に評価することとなる。

　なお,特定路線価の設定は,その設定を必要とする納税義務者から税務署長への書面による申出により行われる。当該申請手続のための書面(特定路線価設定申出書)の記載例は次頁のとおりである。

---

[3] 谷口裕之編『平成25年版財産評価基本通達逐条解説』(大蔵財務協会・平成25年)57頁。

① 路線価方式の宅地の評価　117

	整理簿
	※

平成 27 年分　特定路線価設定申出書

※印欄は記入しないでください。

___渋谷___税務署長

平成 27 年 10 月 1 日

申出者（納税義務者）
　住所(所在地)　〒151-0070　渋谷区本町8-2-3
　氏名(名称)　佐藤 太郎　㊞
　職業(業種)　会社員　電話番号 03-3370-××××

相続税等の申告のため、路線価の設定されていない道路のみに接している土地等を評価する必要があるので、特定路線価の設定について、次のとおり申し出ます。

1	特定路線価の設定を必要とする理由	☑ 相続税申告のため（相続開始日 27 年 6 月 28 日） 　被相続人　住所　渋谷区笹塚4-1-1 　　　　　　氏名　佐藤 一郎 　　　　　　職業　無職 ☐ 贈与税申告のため（受贈日　　年　　月　　日）
2	評価する土地等及び特定路線価を設定する道路の所在地、状況等	「別紙　特定路線価により評価する土地等及び特定路線価を設定する道路の所在地、状況等の明細書」のとおり
3	添付資料	(1) 物件案内図（住宅地図の写し） (2) 地形図（公図、実測図の写し） (3) 写真　撮影日　　年　　月　　日 (4) その他　[　　　　　　　　　]
4	連絡先	〒151-0073 住　所　渋谷区笹塚5-1-1 氏　名　伊藤 幸子 職　業　税理士　電話番号 03-3376-××××
5	送付先	☐ 申出者に送付 ☑ 連絡先に送付

＊　☐欄には、該当するものにレ点を付してください。

（資 9－29－A 4 統一）

別紙　特定路線価により評価する土地等及び特定路線価を設定する道路の所在地、状況等の明細書

土地等の所在地 （住居表示）	八王子市南大沢××番地 〔八王子市南大沢5-1-×〕	〔　　〕
土地等の利用者名、利用状況及び地積	（利用者名）佐藤二郎 （利用状況）貸宅地　　250 ㎡	（利用者名） （利用状況）　　　　㎡
道路の所在地	八王子市南大沢××番地	
道路の幅員及び奥行	（幅員）4 m　（奥行）30 m	（幅員）　m　（奥行）　m
舗装の状況	☑舗装済　・　□未舗装	□舗装済　・　□未舗装
道路の連続性	□通抜け可能 　（□車の進入可能・□不可能） ☑行止まり 　（☑車の進入可能・□不可能）	□通抜け可能 　（□車の進入可能・□不可能） □行止まり 　（□車の進入可能・□不可能）
道路のこう配	なし　　　度	度
上　水　道	☑有 □無（□引込み可能・□不可能）	□有 □無（□引込み可能・□不可能）
下　水　道	☑有 □無（□引込み可能・□不可能）	□有 □無（□引込み可能・□不可能）
都市ガス	☑有 □無（□引込み可能・□不可能）	□有 □無（□引込み可能・□不可能）
用途地域等の制限	（　第一種低層　）地域 建ぺい率（　40　）％ 容積率（　80　）％	（　　　　）地域 建ぺい率（　　）％ 容積率（　　）％
その他（参考事項）	特定路線価の設定申出の対象となった道路は建築基準法第42条第2項に規定する道路に該当する。	

（資9－30－A4統一）

(4) 奥行価格補正

一方にのみ路線が接する宅地の価額は、路線価にその宅地の奥行価格に応じた「奥行価格補正率」を乗じて求めた価額に、その宅地の地積を乗じて評価することとなる（評基通15）。

○一方にのみ路線が接する宅地の評価額

> 宅地の評価額＝路線価×奥行価格補正率×地積

これは、宅地の価格は一般に、路線からの距離が短い部分は高くなり、長い部分は低くなる、また、路線からの距離が短い部分だけしか有しない宅地の価額はそうでない（標準的な）宅地に比して低くなる、という宅地の価格形成要因を踏まえての評価方法である。

奥行価格補正率は以下の表（財産評価基本通達付表1）のとおりである。

○奥行価格補正率表（平成19年1月1日以降用）

奥行距離(m) \ 地区区分	ビル街地区	高度商業地区	繁華街地区	普通商業・併用住宅地区	普通住宅地区	中小工場地区	大工場地区
4未満	0.80	0.90	0.90	0.90	0.90	0.85	0.85
4以上6未満	0.80	0.92	0.92	0.92	0.92	0.90	0.90
6 〃 8 〃	0.84	0.94	0.95	0.95	0.95	0.93	0.93
8 〃 10 〃	0.88	0.96	0.97	0.97	0.97	0.95	0.95
10 〃 12 〃	0.90	0.98	0.99	0.99	1.00	0.96	0.96
12 〃 14 〃	0.91	0.99	1.00	1.00	1.00	0.97	0.97
14 〃 16 〃	0.92	1.00	1.00	1.00	1.00	0.98	0.98
16 〃 20 〃	0.93	1.00	1.00	1.00	1.00	0.99	0.99
20 〃 24 〃	0.94	1.00	1.00	1.00	1.00	1.00	1.00
24 〃 28 〃	0.95	1.00	1.00	1.00	0.99	1.00	1.00
28 〃 32 〃	0.96	1.00	0.98	1.00	0.98	1.00	1.00

範囲		A	B	C	D	E	F	G
32 〃	36 〃	0.97	1.00	0.96	0.98	0.96		1.00
36 〃	40 〃	0.98	1.00	0.94	0.96	0.94		1.00
40 〃	44 〃	0.99	1.00	0.92	0.94	0.92		1.00
44 〃	48 〃		1.00	0.90	0.92	0.91		1.00
48 〃	52 〃		0.99	0.88	0.90	0.90		1.00
52 〃	56 〃		0.98	0.87	0.88	0.88		1.00
56 〃	60 〃		0.97	0.86	0.87	0.87		1.00
60 〃	64 〃	1.00	0.96	0.85	0.86	0.86	0.99	1.00
64 〃	68 〃	1.00	0.95	0.84	0.85	0.85	0.98	1.00
68 〃	72 〃	1.00	0.94	0.83	0.84	0.84	0.97	1.00
72 〃	76 〃		0.93	0.82	0.83	0.83	0.96	1.00
76 〃	80 〃		0.92	0.81	0.82	0.83	0.96	1.00
80 〃	84 〃		0.90		0.81	0.82	0.93	1.00
84 〃	88 〃		0.88	0.80		0.82	0.93	1.00
88 〃	92 〃		0.86		0.80	0.81	0.90	1.00
92 〃	96 〃	0.99	0.84			0.81	0.90	1.00
96 〃	100 〃	0.97	0.82			0.80	0.90	1.00
100 〃		0.95	0.80			0.80	0.90	1.00

　上記評価方法は、奥行距離が一定であることを前提としているが、不整形地の場合、奥行距離が一定ではないため、奥行価格補正率の適用に当たり奥行距離をどのように算定するのかが問題となる。不整形地の場合、奥行距離は以下の算式により計算する。

○ 不整形地の奥行距離の算定方法
① 不整形地の地積÷不整形地の間口距離（道路と評価対象地とが接する部分の距離）
② 不整形地に係る想定整形地の奥行距離
③ ①と②のうちいずれか短い方の距離が「奥行距離」となる

① 路線価方式の宅地の評価

【事例】

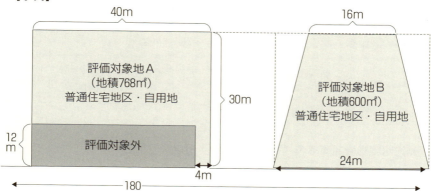

＜評価対象地A＞

① 768㎡ ÷ 4 m = 192m
② 30m
③ ①＞②　∴30m

＜評価対象地B＞

① 600㎡ ÷ 24m = 25m
② 30m
③ ①＜②　∴25m

(5) 側方路線影響加算

　正面と側方に路線がある宅地，すなわち「角地」の価額は，次の①及び②に掲げる価額の合計額に，その宅地の地積を乗じて計算した価額によって評価する（評基通16）。

① 　二方の路線のうち，奥行価格補正率の定めにより計算した1㎡当たりの価額の高い方の路線（正面路線）の路線価に基づき計算した，1㎡当たりの価額

② 　正面路線ではない方の路線（側方路線）の路線価を正面路線の路線価とみなし，その路線価に基づき計算した価額に下記「側方路線影響加算率」を乗

じて計算した価額

○角地の評価額

$$（正面路線価 × 奥行価格補正率 + 側方路線価 × 奥行価格補正率 × 側方路線影響加算率）× 地積$$

○側方路線影響加算率表（平成19年1月1日以降用）

地区区分	加算率	
	角地の場合	準角地の場合
ビル街地区	0.07	0.03
高度商業地区 繁華街地区	0.1	0.05
普通商業・併用住宅地区	0.08	0.04
普通住宅地区 中小工場地区	0.03	0.02
大工場地区	0.02	0.01

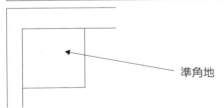
準角地

（注）「準角地」とは，上記図のように一系統の路線の屈折部の内側に位置するものをいう。

【事例1】

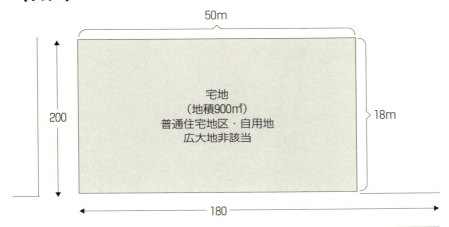

<正面路線の判定>

180,000円×1.00（奥行価格補正率）＝180,000円…ア

200,000円×0.90（奥行価格補正率）＝180,000円…イ

ア＝イ　この場合，原則として路線に接する間口距離の長い方の路線，すなわち180,000円の路線が正面路線

<評価額の算定>

180,000円×1.00（奥行価格補正率）＝180,000円

200,000円×0.90（奥行価格補正率）×0.03（側方路線影響加算率）＝5,400円

⇒二路線に面する宅地（角地）の補正率

自用地1㎡当たりの価額＝180,000円＋5,400円＝185,400円

自用地の評価額＝185,400円×900㎡＝<u>166,860,000円</u>

【事例２】

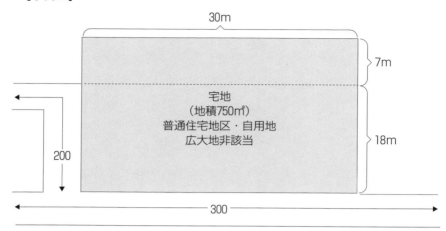

＜正面路線の判定＞

300,000円×0.99（奥行価格補正率）＝297,000円…ア

200,000円×0.98（奥行価格補正率）＝196,000円…イ

ア＞イ　∴300,000円の路線が正面路線

次にこの場合、側方路線の影響を受けているのは、側方路線に直接接道している部分（すなわち18mのみ）であると考えられるため、側方路線影響加算は下記のとおり接道距離で按分調整するのが合理的と考えられる。

＜評価額の算定＞

300,000円×0.99（奥行価格補正率）＝297,000円

200,000円×0.98（奥行価格補正率）×0.03（側方路線影響加算率）
$\times \underbrace{\dfrac{18m}{18m+7m}}_{\text{接道距離按分}} = 4,233円 \Rightarrow$ 二路線に面する宅地の補正率

自用地1㎡当たりの価額＝297,000円＋4,233円＝301,233円

自用地の評価額＝301,233円×750㎡＝<u>225,924,750円</u>

(6) 二方路線影響加算

　正面と裏面の二方に路線がある宅地は，一方のみ路線に面している宅地よりも採光・通風の面で有利であり，人の通行に関しても利便性が高いため，その価額は高くなる傾向にある。それを評価額に反映させたのが二方路線影響加算である。通達によれば，正面と裏面の二方に路線がある宅地は，次の①及び②に掲げる価額の合計額に，その宅地の地積を乗じて計算した価額によって評価する（評基通17）。

① 「正面路線（奥行価格補正後の１㎡当たりの価額が高い方の路線）」の路線価に基づき計算した価額
② 「裏面路線（正面路線でない方の路線）」の路線価を正面路線の路線価とみなし，その路線価に基づき計算した価額に下記「二方路線影響加算率」を乗じて計算した価額

○二方路線の評価額

$$\left(\text{正面路線価} \times \text{奥行価格補正率} + \text{裏面路線価} \times \text{奥行価格補正率} \times \text{二方路線影響加算率}\right) \times \text{地積}$$

○二方路線影響加算率表（平成19年１月１日以降用）

地区区分	加算率
ビル街地区	0.03
高度商業地区 繁華街地区	0.07
普通商業・併用住宅地区	0.05
普通住宅地区 中小工場地区 大工場地区	0.02

【事例1】 普通商業・併用住宅地区に所在する宅地の評価

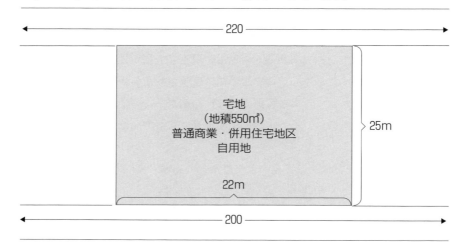

＜正面路線の判定＞

220,000円×1.00（奥行価格補正率）＝220,000円…ア

200,000円×1.00（奥行価格補正率）＝200,000円…イ

ア＞イ　∴220,000円の路線が正面路線

＜評価額の算定＞

220,000円×1.00（奥行価格補正率）＝220,000円

200,000円×1.00（奥行価格補正率）×0.05（二方路線影響加算率）

＝10,000円⇒二方路線に面する宅地の補正率

自用地1㎡当たりの価額＝220,000円＋10,000円＝230,000円

自用地の評価額＝230,000円×550㎡＝<u>126,500,000円</u>

【事例２】 不整形地に係る二方路線影響加算

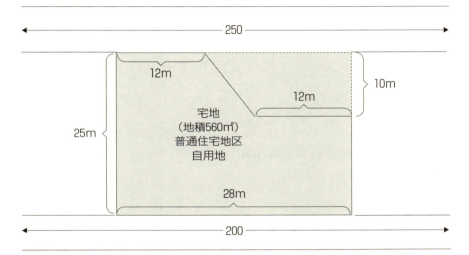

＜正面路線の判定＞

250,000円 × 0.99 （奥行価格補正率[注1]） ＝ 247,500円…ア

200,000円 × 1.00 （奥行価格補正率[注2]） ＝ 200,000円…イ

　ア ＞ イ　∴ 250,000円の路線が正面路線

（注）1　560㎡ ÷ 12m （間口距離） ＝ 46.67m…ウ
　　　　　想定整形地の奥行距離 ＝ 25m…エ
　　　　　ウ ＞ エ　∴ 25m
　　　2　560㎡ ÷ 28m （間口距離） ＝ 20m…オ
　　　　　想定整形地の奥行距離 ＝ 25m…カ
　　　　　オ ＜ カ　∴ 20m

＜不整形地補正率の算定＞

地区区分：普通住宅地区・地積500㎡以上750㎡未満 ⇒ B

$$陰地割合 = \frac{25\text{m} \times 28\text{m} - 560\text{㎡}}{25\text{m} \times 28\text{m}} = 20\%$$

不整形地補正率：0.97

＜評価額の算定＞

250,000円×0.99（奥行価格補正率）＝247,500円

200,000円×1.00（奥行価格補正率）×0.02（二方路線影響加算率）＝4,000円

⇒二方路線に面する宅地の補正率

想定整形地の1㎡当たりの価額

＝（247,500円＋4,000円）×0.97（不整形地補正率）＝243,955円

自用地の評価額＝243,955円×560㎡＝136,614,800円

(7) 三方又は四方路線影響加算

　三方又は四方に路線がある宅地は、一方ないし二方（側面又は裏面）の路線に面している宅地よりも利便性が高いため、その価額は高くなる傾向にある。それを評価額に反映させたのが三方又は四方路線影響加算である。通達によれば、三方又は四方に路線がある宅地は、側方に路線がある宅地及び裏面に路線がある宅地の評価方法を併用して計算した価額に、その宅地の地積を乗じて計算した価額によって評価する（評基通18）。

　正面路線、側方路線及び裏面路線の関係であるが、まず正面路線を決定し、当該正面路線との関係で側方路線及び裏面路線を決定することとなる。

【事例】三方路線のケース

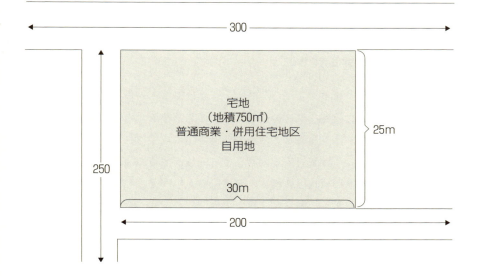

＜正面路線等の判定＞

300,000円 × 1.00（奥行価格補正率）＝ 300,000円…ア

250,000円 × 1.00（奥行価格補正率）＝ 250,000円…イ

200,000円 × 1.00（奥行価格補正率）＝ 200,000円…ウ

ア＞イ＞ウ　∴300,000円の路線が正面路線、正面路線との関係で250,000円の路線が側方路線、同じく200,000円の路線が裏面路線

＜評価額の算定＞

300,000円 × 1.00（奥行価格補正率）＝ 300,000円

250,000円 × 1.00（奥行価格補正率）× 0.08（側方路線影響加算率）
＝ 20,000円 ⇒ 側方路線に面する宅地の補正率

200,000円 × 1.00（奥行価格補正率）× 0.05（二方路線影響加算率）
＝ 10,000円 ⇒ 二方路線に面する宅地の補正率

自用地1㎡当たりの価額 ＝ 300,000円 ＋ 20,000円 ＋ 10,000円 ＝ 330,000円

自用地の評価額 ＝ 330,000円 × 750㎡ ＝ 247,500,000円

2 容積率の異なる2以上の地域にわたる宅地の評価

(1) 基本的な考え方

　宅地の上に建物を建築する場合、その大きさは建築主が自由に決められるのではなく、基本的に建築基準法の制限に従うこととなる。中でも建物の利用効率を高める「高さ」は、建築基準法第52条第1項に規定される「容積率」が大きく影響する。特に、評価対象地の存在する地域が宅地の高度利用を求めているビル街地区や高度商業地区の場合、容積率の大小がその宅地の価額を大きく左右することとなるが、一画地が2以上の地域にわたり、それぞれの地域の容積率が異なる場合には、そのような事情を評価にも反映させる必要がある。

　そこで通達では、容積率の異なる2以上の地域にわたる宅地の価額は、通常の路線価方式による評価額から、その価額に以下の算式により計算した割合を乗じて計算した金額を控除した価額によって評価することとされている（評基通20－5）。

$$\left[1 - \frac{\text{容積率の異なる部分の各部分に適用される容積率にその各部分の地積を乗じて計算した数値の合計}}{\text{正面路線に接する部分の容積率×宅地の総面積}} \right] \times \text{容積率が価格に及ぼす影響度}$$

　上記算式中の「容積率が価格に及ぼす影響度」は以下の表による。

○**容積率が価格に及ぼす影響度**

地区区分	影響度
高度商業地区、繁華街地区	0.8
普通商業・併用住宅地区	0.5
普通住宅地区	0.1

(2) 具体的評価事例

【事例1】

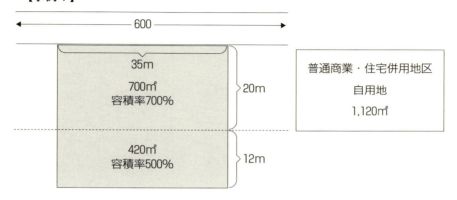

＜容積率に基づく減額割合＞

$$\left[1 - \frac{700\% \times 700㎡ + 500\% \times 420㎡}{700\% \times (700㎡ + 420㎡)}\right] \times 0.5（普通商業・住宅併用地区の影響度）$$

＝0.0535…⇒0.054（小数点以下3位未満四捨五入）

＜評価対象地の評価額＞

600,000円×0.98（奥行価格補正率）×（1－0.054（減額割合））×1,120㎡

＝<u>622,997,760円</u>

【事例２】 二路線に面している土地の場合

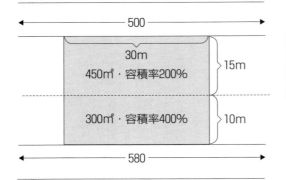

自用地・750㎡
普通商業・併用住宅地区

＜容積率に基づく減額割合＞

$$\left[1 - \frac{400\% \times 300㎡ + 200\% \times 450㎡}{400\% \times (300㎡ + 450㎡)}\right] \times 0.5（普通商業・住宅併用地区の影響度）$$

$= 0.15$

＜正面路線価に対する減額調整後の１㎡当たりの評価額＞

580,000円×1.00（奥行価格補正率）×（1－0.15（減額割合））

$= 493,000円 \cdots ア$

＜裏面路線価に対する１㎡当たりの評価額＞

500,000円×0.99（奥行価格補正率）＝495,000円…イ

ア＜イ　∴容積率の格差による減額調整（評基通20－5）の適用はなく，裏面路線を正面路線とみなし，当該画地の評価額を求めることとなる[4]。

＜評価対象地の評価額＞

評価対象地の１㎡当たりの評価額＝500,000円×0.99（奥行価格補正率）＋580,000円×1.00（奥行価格補正率）×0.05（二方路線影響加算率）

$= 524,000円$

評価対象地の評価額＝524,000円×750㎡（地積）＝<u>393,000,000円</u>

4　谷口前掲注３書108～109頁参照。

なお，この場合，二方路線影響加算を考慮することとなる[5]。

【事例3】道路幅員による容積率の制限がある場合（自用地）

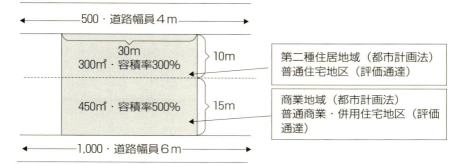

<容積率の計算>

① 第二種住居地域部分

　指定容積率⇒300%…ア

　基準容積率⇒6 m（最大道路幅員）× 4／10＝240%…イ

　ア＞イ　∴240%

② 商業地域部分

　指定容積率⇒500%…ウ

　基準容積率⇒6 m（最大道路幅員）× 6／10＝360%…エ

　ウ＞エ　∴360%

<容積率に基づく減額割合>

$$\left[1-\frac{360\% \times 450㎡ + 240\% \times 300㎡}{360\% \times (300㎡ + 450㎡)}\right] \times 0.5（普通商業・住宅併用地区の影響度）$$

＝0.0666…⇒0.067（小数点以下3位未満四捨五入）

<評価対象地の評価額>

減額前の自用地評価額（1 ㎡当たり）

---

[5] 谷口前掲注3書108頁による。

＝1,000,000円×1.00（奥行価格補正率）＋500,000円×1.00（奥行価格補正率）
　　　×0.05（二方路線影響加算率）
　＝1,025,000円
　減額前の自用地評価額＝1,025,000円×750㎡（地積）＝768,750,000円
　減額後の評価額＝768,750,000円－768,750,000円×0.067（減額割合）
　　　　　　　　＝<u>717,243,750円</u>

3　倍率方式による評価

(1)　倍率方式とは

　土地の評価における「倍率方式」とは，固定資産税評価額に国税局長が一定の地域ごとにその地域の実情に即するように定めた倍率を乗じて計算した金額により評価する方式をいう（評基通21）。ここでいう「固定資産税評価額」とは，土地課税台帳又は土地補充課税台帳に登録された基準年度の価格又は比準価格をいう。具体的には以下の金額を用いることとなる[6]。
① 　土地登記簿に登記されている土地（地法381①）
　土地課税台帳に登録されている基準年度の価格又は比準価格
② 　土地登記簿に登記されていない土地（地法381②）
　土地補充課税台帳に登録されている基準年度の価格又は比準価格
③ 　仮換地，仮使用地，保留地又は換地など（地法381⑧）
　土地補充課税台帳とみなされたものに登録されている基準年度の価格又は比準価格
　なお，土地に係る固定資産税評価額は基準年度の価格が3年間据え置かれるものとされており（地法349），平成27年分から平成29年分における固定資産税については，平成27年度が「基準年度」となる。

6　谷口前掲注3書111～112頁。

(2) 倍率方式による評価

倍率方式により宅地を評価する場合は，その宅地の固定資産税評価額に，その地価事情の類似する地域ごとに，その地域にある宅地の売買実例価額，公示価格，不動産鑑定士等による鑑定評価額，精通者意見価格等を基として国税局長の定める「倍率」を乗じて計算した金額により評価することとなる（評基通21－2）。

固定資産税評価額は，土地登記簿上の地積を基に算定することとなっているが，その地積が実際の面積と異なるケースが割とみられる。その場合，一般に以下の方式により評価額を求めることとなる。

$$\text{相続税評価額} = \text{その宅地の固定資産税評価額} \times \frac{\text{実際の地積}}{\text{土地課税台帳上の地積}} \times \text{評価倍率}$$

＜評価事例＞

- 宅地の固定資産税評価額　　　　　　　　6,000,000円
- 土地課税台帳上の地積　　　　　　　　　300㎡
- 実際の地積　　　　　　　　　　　　　　320㎡
- 財産評価基準書に定められている評価倍率　1.2倍

$$\text{相続税評価額} = 6{,}000{,}000円 \times \frac{320㎡}{300㎡} \times 1.2倍 = \underline{7{,}680{,}000円}$$

(3) 倍率地域における各種補正

倍率地域に存する宅地について，例えばその宅地が路線価方式により評価する宅地であれば不整形地補正を行う必要がある土地である場合，同様の補正を行うことができるのかが問題となり得る。この点を解明するには，固定資産税評価額の計算方法を定めた固定資産税評価基準を検討する必要があるだろう。

固定資産税評価基準によれば，標準的な区画の土地を前提とした路線価が各街路に付設され，その路線価を基礎として，「奥行価格補正」，「側方路線影響

加算」,「二方路線影響加算」,「不整形地補正」といった調整を行って各筆の画地の評点数が定められている,ということである(固定資産税評価基準附表1～9)。

すなわち,固定資産税評価額の算定過程において,既に財産評価基本通達に定めのあるものと同様の「補正ないし調整」がなされているため,倍率方式により相続税・贈与税の評価を行う際には,更なる補正は不要(できない)ということになる。

4 造成中の宅地の評価

(1) 造成中の宅地の意義

農地や山林,池沼などそのままでは宅地として利用するには不適な土地については,土盛り,切り崩しや埋め立てといった宅地造成を行うことがある。宅地造成は大掛かりなものから小規模なものまで様々であるが,ある程度の規模の造成工事を行う場合,その期間も長期間となる。仮にその中途において課税時期が来た場合,どのように評価するのかが問題となる。

(2) 造成中の宅地の評価

この点について通達では,造成中の宅地の価額は,その土地の造成工事着手直前の地目により評価した課税時期における価額に,その宅地の造成に係る費用現価の100分の80に相当する金額を加算した金額によって評価するものとされている(評基通24-3)。これを算式で示すと以下のようになる。

$$\left[\begin{array}{l}\text{その土地の造成工事着手直前の地目に}\\ \text{より評価した課税時期における価額}\end{array}\right] + \left[\begin{array}{l}\text{その宅地の造成に}\\ \text{係る費用現価}\end{array}\right] \times \frac{80}{100}$$

ここでいう「費用現価」とは,課税時期までに投入した造成に係る費用の額を課税時期の価額に引き直した額の合計額をいう(評基通24-3)。また,加

算する金額を上記造成費の100分の80に相当する金額とするのは，評価の安全性の配慮に基づくものであるとされている[7]。

事例に基づいて評価額を計算すると以下のとおりとなる。

【事例】
- 造成工事着手直前の地目（山林）により評価した課税時期における宅地の価額：50,000,000円
- その宅地の造成に係る費用現価の額：20,000,000円

$$造成中の宅地の評価額 = 50,000,000円 + 20,000,000円 \times \frac{80}{100} = \underline{66,000,000円}$$

5 マンション用地の評価

(1) マンション用地の評価の意義

財産評価基本通達にはマンション用地の評価に関する明確な規定は存在しない。そのため，実務においては，まずマンションの敷地全体を宅地に関する通達の規定に従って評価し，その評価額に区分所有権者が有するマンション敷地に対する共有持分割合を乗じて評価するのが通例である（国税不服審判所平成22年10月13日裁決・TAINS F0-3-252参照）。

○マンション用地の評価方法

マンション用地の評価額 ＝ マンション敷地全体の評価額 × 共有持分割合

(2) マンション用地の具体的評価事例

以下の事例に基づき，マンション用地の相続税評価の具体的な方法を見てい

---

[7] 谷口前掲注3書134頁参照。

くこととする。

【事例1】分譲マンションの一室の相続税評価額

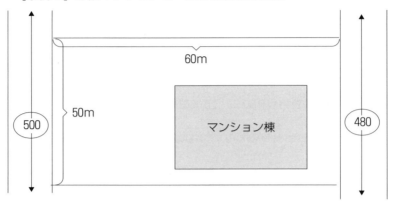

- 普通住宅地区・自用地
- マンションの時価：1億800万円（売買価格を基に算定・敷地部分を含む）
- 建物専有面積：90㎡
- 所在階：10階（1001号室）
- 建物の固定資産税評価額：1,800万円
- 評価対象地の地積：3,000㎡（909坪）
- 土地持分：1,000,000分の6,000（18㎡）
- 二方路線影響加算率：0.02（普通住宅地区）

＜敷地全体の相続税評価＞

500,000円×0.86（奥行価格補正率・60ｍ）＝430,000円

430,000円＋480,000円×0.86×0.02（二方路線影響加算率）＝438,256円

438,256円×3,000㎡（地積）＝1,314,768,000円

＜敷地利用権に基づく共有持分相当額の評価＞

$1,314,768,000円 \times \dfrac{6,000}{1,000,000} = 7,888,608円$

＜マンションの相続税評価額＞

7,888,608円（敷地部分）＋18,000,000円（建物部分）＝25,888,608円

＜時価対評価額の比率＞

$$\frac{25,888,608円}{108,000,000円} = 23.97\%$$

このように，マンションの場合，専有面積（上記事例では90㎡）に比して土地持分（上記事例では18㎡）が小さいため，一般に路線価を用いた相続税評価額が低く抑えられる傾向にあるといえる。

【事例２】敷地内に不特定多数の通行者がいる道路がある場合

以下の事例のように，大規模なマンションの場合，その敷地内に不特定多数の通行者がいる道路があるケースがみられるところである。

○敷地内に不特定多数の通行者がいる道路があるマンションの評価

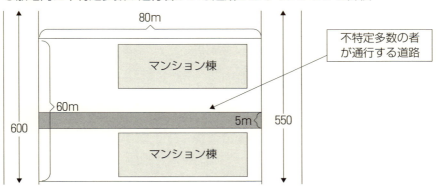

- 普通住宅地区・自用地
- マンションの時価：8,800万円（売買価格を基に算定・敷地部分を含む）
- 建物専有面積：100㎡
- 所在階： 4 階（412号室）
- 建物の固定資産税評価額：2,000万円
- 評価対象地の地積：4,800㎡（1,455坪）
- 土地持分：1,000,000分の8,000（38.4㎡）
- 二方路線影響加算率：0.02（普通住宅地区）

・マンション敷地内の道路部分の地積：400㎡

上記のような敷地に建つマンション棟Aの412号室を区分所有する場合，当該居室の相続税評価額はどうなるのであろうか。この場合，敷地内の道路が不特定多数の者が通行するものであること，また，その地積のマンション敷地に占める割合が小さくない（8.3％程度）ことから，評価対象地の評価の際には，私道の評価（評基通24）に倣い，当該道路部分の地積を除外するのが相当と考えられる（国税不服審判所平成22年10月13日裁決・TAINS F0-3-252参照）。

＜敷地全体の相続税評価＞
600,000円×0.82（奥行価格補正率・80m）＝492,000円
492,000円＋550,000円×0.82×0.02（二方路線影響加算率）＝501,020円
501,020円×（4,800㎡－400㎡（道路部分の地積を除外））＝2,204,488,000円

＜敷地利用権に基づく共有持分相当額の評価＞
$2,204,488,000円 \times \dfrac{8,000}{1,000,000} = 17,635,904円$

＜マンションの相続税評価額＞
17,635,904円（敷地部分）＋20,000,000円（建物部分）＝37,635,904円

(3) タワーマンションの評価の今後

相続税の基礎控除引下げに伴う増税により，近年にわかに注目を集めているのはタワーマンションを利用した相続税の節税策である。その具体的な手法と問題点については姉妹書[8]にて解説しているのでここでは触れないが，タワーマンションを利用した相続税の節税策の要点はア．高層階ほど時価と評価額との乖離が生じることと，イ．専有面積に比して土地持分が小さいため路線価を用いた評価額が低く抑えられること，の二点である。

この問題への課税庁による抜本的な対応策は未だ採られていないようであるが，「このまま放置される」と高を括るのは楽観的過ぎるといえよう。高層・

---

8 拙著『相続税調査であわてない「名義」財産の税務』（中央経済社・2014年）250～267頁参照。

タワーマンションは2000年以降増加の一途をたどっており，今後も2020年の東京オリンピックの開催決定で注目される湾岸地区を中心に建設計画が目白押しである。このような中で，現行の相続税評価額の見直しを行わずにいれば，平成25年度の税制改正で課税強化された相続税の負担軽減の観点から，高層・タワーマンションを利用した節税策が横行することは必至である。そのような不作為により結果として特定の財産を評価上優遇する「特例措置」が，例えば小規模宅地の特例のように国民的な合意を得られるものであれば，理論的にはともかく一応問題ないといえるのかもしれないが，高層・タワーマンションに関して言えば，理論的に問題があることは言うまでもなく，国民的な合意を得られる措置であるとも到底考えられない。

　平成25年度の相続税の税制改正が相続税の再分配機能の回復，格差の固定化の防止等の観点から行われたものであれば，当該「特例措置」を正当化する余地は全くないと言ってよかろう。

　とはいえ，抜本的な対抗策というのも容易に見いだせないのがこの問題の厄介なところである[9]。ここで課税庁が採るべき方策は，まずは早急に実態把握を行うことであろう。それを踏まえて，最低限，時価との乖離の激しい居住用高層マンション敷地の路線価の引上げを行うということになりそうである。

6　貸宅地の評価

(1)　貸宅地の意義

　貸宅地とは，一般に，借地権や地上権等の設定されている宅地をいう。ここでいう「借地権」とは，借地借家法に規定する借地権であり，建物の所有を目的とする地上権又は土地の賃借権であるが，定期借地権等に該当するものは除かれる（普通借地権の評価方法については，後述 8 参照）。

9　この問題への対処に関する困難さについては，拙著前掲注8書260～263頁参照。

借地権と貸宅地との関係を図示すると以下のとおりとなる。

○借地権と貸宅地との関係

(2) 借地権の目的となっている宅地の評価

＜原則＞

貸宅地のうち，借地権の目的となっている宅地の評価は，自用地としての価額から，借地権の価額を控除した金額によって評価する（評基通25(1)）。建物の所有を目的とする地上権は当該借地権に該当する。ここでいう「借地権の価額」とは，後述⑧(2)で示されている下記の算式によることとなる。

借地権の価額＝自用地の価額×借地権割合

上記借地権の評価方法に基づき，貸宅地のうち，借地権の目的となっている宅地の評価（底地の価額）を算式で示すと以下のとおりとなる。

借地権の目的となっている宅地の評価額＝自用地の価額－借地権の価額
　　　　　　　　　　　　　　　　　　＝自用地の価額－自用地の価額×借地権割合
　　　　　　　　　　　　　　　　　　＝自用地の価額×（1－借地権割合）

なお，借地権の取引慣行がないと認められる地域にある場合には，上記算式の「借地権割合」を20％として計算する（評基通25(1)）。

【事例】

・評価対象地の自用地の価額：4,000万円

- 借地権割合：60％

  借地権の目的となっている宅地の評価額＝4,000万円×（1－60％）＝1,600万円

  ＜例外＞

  ただし，借地権の目的となっている宅地の売買実例価額，精通者意見価格，地代の額等を基として評定した価額の宅地の自用地としての価額に対する割合（貸宅地割合）が概ね同一と認められる地域ごとに国税局長が貸宅地割合を定めている地域においては，その宅地の自用地としての価額に当該貸宅地割合を乗じて計算した金額によって評価する（評基通25(1)）。これを算式で示すと以下のとおりである。

  > 借地権の目的となっている宅地の評価額＝自用地の価額×貸宅地割合

  なお，現在「貸宅地割合」が定められているのは沖縄国税事務所管内の一部の地域に限定されている（いずれも30％である）。

(3) 地上権の目的となっている宅地

地上権（上記(2)に該当するものは除く）の目的となっている宅地の価額は，その宅地の自用地の価額から，相続税法第23条の規定（次頁表参照）により評価した地上権の価額を控除した金額によって評価する（評基通25(3)）。これを算式で示すと以下のとおりとなる。

地上権の目的となっている宅地の評価額
＝自用地の価額－地上権の価額
＝自用地の価額－自用地の価額×地上権割合
＝自用地の価額×（1－地上権割合）

○相続税法第23条に規定される地上権の割合（地上権割合）

残存期間	地上権割合	残存期間	地上権割合
10年以下	5％	30年超　35年以下	50％
10年超　15年以下	10％	35年超　40年以下	60％
15年超　20年以下	20％	40年超　45年以下	70％
20年超　25年以下	30％	45年超　50年以下	80％
25年超　30年以下	40％	50年超	90％

（注）　存続期間の定めのない地上権については，地上権割合40％とする。

(4) 区分地上権の目的となっている宅地

　区分地上権の目的となっている宅地の価額は，その宅地の自用地の価額から，財産評価基本通達27－4（区分地上権の評価）に定める区分地上権の価額を控除した金額によって評価する（評基通25(4)）。これを算式で示すと以下のとおりとなる。

　区分地上権の目的となっている宅地の評価額
　＝自用地の価額－区分地上権の価額
　＝自用地の価額－自用地の価額×区分地上権割合
　＝自用地の価額×（1－区分地上権割合）

(5) 区分地上権に準ずる地役権の目的となっている承役地である宅地

　区分地上権に準ずる地役権の目的となっている承役地である宅地の価額は，その宅地の自用地の価額から，財産評価基本通達27－5（区分地上権に準ずる地役権の評価）に定める区分地上権に準ずる地役権の価額を控除した金額によって評価する（評基通25(5)）。これを算式で示すと以下のとおりとなる。

　区分地上権に準ずる地役権の目的となっている承役地である宅地の評価額
　＝自用地の価額－区分地上権に準ずる地役権の価額
　＝自用地の価額－自用地の価額×区分地上権に準ずる地役権割合
　＝自用地の価額×（1－区分地上権に準ずる地役権割合）

(6) 定期借地権等の目的となっている宅地

定期借地権等の目的となっている宅地の価額は，原則として，その宅地の自用地の価額から，財産評価基本通達27－2（定期借地権等の評価）に定める定期借地権等の価額を控除した金額によって評価する（評基通25(2)）。これを算式で示すと以下のとおりとなる。

> 定期借地権等の目的となっている宅地の評価額 ＝ 自用地としての価額 × 定期借地権等の価額

ただし，上記により評価した定期借地権等の価額が，その宅地の自用地としての価額に以下に掲げる定期借地権等の残存期間に応じる割合を乗じて計算した金額を下回る場合には，その宅地の自用地としての価額からその価額に以下の割合を乗じて計算した金額を控除した金額によって評価する（評基通25(2)）。

① 残存期間が5年以下のもの　　　　　100分の5
② 残存期間が5年超10年以下のもの　　100分の10
③ 残存期間が10年超15年以下のもの　　100分の15
④ 残存期間が15年超のもの　　　　　　100分の20

7　貸家建付地の評価

(1) 貸家建付地の意義

貸家の敷地の用に供されている宅地のことを一般に「貸家建付地」という。ここでいう「貸家」とは，一般に，借地借家法に基づき借家に対する保護規定の対象となる家屋の賃借人が有する賃借権（借家権）の目的となっている家屋をいう。

○貸家建付地の概念図

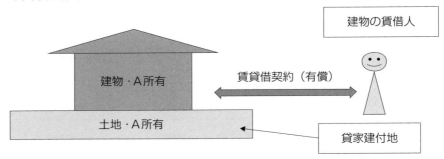

(2) 貸家建付地の評価

このような貸家建付地については，相続税の評価においてどのような考慮が必要かということが問題となる。すなわち，賃借人（借家人）は借家権に関する法的保護を受けるものの，その借家の敷地である宅地については何ら権利を有していないため，自用地評価からの減額は一切不要とも考えられるわけである。しかし，借家人は賃借する家屋の敷地についても，家屋の賃借権に基づきその利用の範囲内で，ある程度の支配権を有するとも認められ，裏を返せば，その範囲内において地主（家屋所有者）は，当該利用についての受忍義務を負うこととなっている。実際，借家人の支配権を消滅させるには，地主は借家人に対して立退料の支払を要することがあり，当該支配権が付着したままの状態で敷地を譲渡する場合には，それがない場合よりも低い価額でしか譲渡できないところである[10]。

そこで，財産評価基本通達では，貸家建付地は，その宅地の自用地としての価額から，その自用地としての価額にその宅地に係る借地権割合とその貸家に係る借家権割合との相乗積に賃貸割合を乗じて計算した価額を控除した価額により評価することとされている（評基通26）。これを算式で示すと以下のとおりとなる。

10　谷口前掲注3書198頁。

$$\begin{aligned}
\text{貸家建付地の評価額} &= \text{その宅地の自用地としての価額} - \left[\text{その宅地の自用地としての価額} \times \text{借地権割合} \times \text{借家権割合} \times \text{賃貸割合}\right] \\
&= \text{その宅地の自用地としての価額} \times (1 - \text{借地権割合} \times \text{借家権割合} \times \text{賃貸割合})
\end{aligned}$$

　上記算式のうち「借地権割合」は，財産評価基本通達27（借地権の評価，後述⑧参照）の定めによるその宅地に係る借地権割合による。なお，借地権の取引慣行のない地域に所在する貸家建付地については，その借地権割合を20％として計算するものとされている（評基通26⑴）。

　また，「借家権割合」は，現在全国一律に「30％」とされている。

　さらに，「賃貸割合」については，その貸家に係る各独立部分（マンション等において独立した出入口がある部屋のことを指す）がある場合には，その各独立部分の賃貸の状況に応じて，以下の算式により計算した割合によることとなる（評基通26⑵）。

$$\text{賃貸割合} = \frac{\text{(A)のうち課税時期において賃貸されている各独立部分の床面積}}{\text{家屋の各独立部分の床面積の合計（A）}}$$

　上記算式の「賃貸されている各独立部分」には，継続的に賃貸されていた各独立部分で，課税時期において一時的に賃貸されていなかった（空室である）と認められるものを含んで計算しても問題ない（評基通26（注）2）。なお，「一時的に賃貸されていなかった（空室である）と認められる」かどうかの判断基準は，以下のような事実を踏まえて総合的に判断するものとされている[11]。

① 各独立部分が課税時期前に継続的に賃貸されてきたものかどうか
② 賃借人の退去後速やかに新たな賃借人の募集が行われたかどうか
③ 空室の期間中，他の用途に供されていないかどうか

---

[11] 谷口前掲注3書200～201頁。

④ 空室の期間が，課税時期の前後の例えば1か月程度であるなど，一時的な期間であるかどうか
⑤ 課税時期後の賃貸が一時的なものではないかどうか

　この点に関しては，裁決事例では，各独立部分の空室期間が最短でも4か月（最長8年間）に及んでいるケースは，「一時的に賃貸されていなかった」に該当するとは認められないとしている（国税不服審判所平成26年4月18日裁決・TAINS J95-4-13）。

【事例1】賃貸アパートの場合の評価

- 評価対象地の自用地としての相続時評価額：100,000千円
- 評価対象地に建設された賃貸アパートの状況
  - 室数：12（床面積各50㎡）
  - 賃貸中の室数：8室
  - 入居者募集中の室数：1室（空室の期間は1か月未満である）
  - 改装中の室数：2室（工事終了まで1か月程度かかる見込みであり，それから募集を開始する）
  - 使用貸借により土地所有者の親族に貸付中（管理人として役割も果たす）：1室
- 借地権割合：60％
- 借家権割合：30％

＜賃貸割合の計算＞

$$賃貸割合 = \frac{50㎡ \times 8室（賃貸中）+ 50㎡ \times 1室（賃貸募集中）}{50㎡ \times 12室} = 75\%$$

＜評価対象地の評価額＞

評価額 = 100,000千円 ×（1 － 60％ × 30％ × 75％）= <u>86,500千円</u>

【事例2】賃貸アパートの敷地内駐車場の取扱い

　賃貸アパートの敷地内に次の図のような入居者専用の駐車場（入居者に賃貸している）がある場合，賃貸アパートの敷地の評価はどうするのか。

<評価方法>

　駐車場の用に供されている土地の評価地目は，原則として「雑種地」に該当し，その場合駐車場の契約期間にかかわらず自用地として評価するのが原則となる。ただし，駐車場が賃貸アパートの敷地といった宅地に接続している場合には，賃貸アパートの敷地を含め全体の評価地目が宅地に該当することとなる。

　また，仮に法的には入居者専用の駐車場の賃貸はアパートの賃貸と別個の契約であるとしても，当該駐車場が賃貸アパートの敷地に接続し一体で利用されていること，及び，駐車場の利用者が当該アパートの利用者に限定されていることといった状況にあるときには，経済的実態は入居者駐車場の貸付けとアパートの賃貸借とが一体であると考えられることから，両者の敷地を全体で一つの利用単位ととらえて，すべて貸家建付地として評価することが可能であると考えられる。

　ただし，貸駐車場が入居者専用ではなく，入居者以外の近隣住民にも貸し出している場合には，入居者駐車場の貸付けとアパートの賃貸借とが一体であるとは考えられないことから，貸駐車場の敷地部分は自用地として評価するものと考えられる。

(3) 貸家建付借地権の評価

　貸家建付借地権とは，貸家の目的に供されている借地権のことをいう。これを図で示すと次のようになる。

○貸家建付借地権の概念図

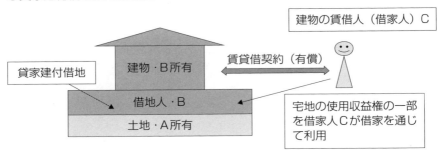

上記の図で明らかなように、貸家建付借地権は通常の借地権（後述8参照）とを比較すると、借地権の内容である使用収益権の一部を借家人が借家ともに利用していると考えられることから、それだけ借地権者（上記の図ではB）の有する借地権が減価していると考えられる[12]。通達ではこれを踏まえ、貸家建付借地権の評価を以下の算式で示す方法で行っている（評基通28）。

> 貸家建付借地権の評価額＝借地権の価額－借地権の価額×借家権割合×賃貸割合
> 　　　　　　　　　　＝借地権の価額×（1－借家権割合×賃貸割合）

【事例】
- 評価対象地の自用地の価額：7,000万円
- 借地権割合：60％
- 借家権割合：30％
- 賃貸割合：100％

　貸家建付借地権の評価額＝ 7,000万円×60％ ×（1－30％×100％）＝2,940万円
　　　　　　　　　　　　　（借地権の価額）

(4) 借家権の評価

　財産評価基本通達上、借家権とは、借地借家法の適用のある家屋賃借人の有

12　谷口前掲注3書232頁。

する賃借権をいい，家屋の無償使用（使用貸借）は含まれないとされる[13]。

このような借家権の評価は，原則として以下の算式により評価した価額によることとなる（評基通94）。ただし，借家権の価額は，その権利が権利金等の名称をもって取引される慣行のない地域にあるものについては，評価しないこととされている（評基通94但書）。

$$借家権の評価額 = \begin{array}{l}評基通89，89-2又は92の定め\\により評価した借家権の目的と\\なっている家屋の価額\end{array} \times 借家権割合 \times 賃借割合$$

上記算式中の「借家権割合」は，(2)で触れたとおり全国一律30％である（平成18年分以降）。また，「賃借割合」は以下の算式による。

$$賃借割合 = \frac{（A）のうち賃借している各独立部分の床面積の合計}{当該家屋の各独立部分の床面積の合計（A）}$$

(5) 貸家の評価

財産評価基本通達によれば，借地権の目的となっている家屋である貸家の価額は，以下の算式により評価した価額によることとなる（評基通93）。

$$貸家の評価額 = \begin{array}{l}評基通89，89-2又は92の\\定めにより評価した借家権\\の目的となっている家屋の\\価額（B）\end{array} - (B) \times 借家権割合 \times 賃貸割合$$

上記算式中の「借家権割合」は(4)と同じであり，「賃貸割合」とは，(2)の貸家建付地の評価における賃貸割合（評基通26）と同じである。

なお，借家権の権利が権利金等の名称をもって取引される慣行のない地域にある場合であっても，借地権の目的となっている貸家の評価に当たっては，借家権の控除が可能である。

---

13 谷口前掲注3書411頁参照。

8　普通借地権の評価

(1)　普通借地権の意義

　財産評価基本通達における「借地権」とは，借地借家法に規定する借地権であり，建物の所有を目的とする地上権又は土地の賃借権であるが，定期借地権等に該当するものは除かれる（定期借地権の評価方法については，後述9参照）。

(2)　普通借地権の評価

　財産評価基本通達における「借地権（普通借地権）」の価額は，その借地権の目的となっている宅地の自用地としての価額に，その宅地に係る借地権割合が概ね同一と認められる地域ごとに国税局長が定める割合を乗じて計算した金額により評価する（評基通27）。これを算式で示すと以下のとおりである。

（普通）借地権の価額＝自用地の価額×借地権割合

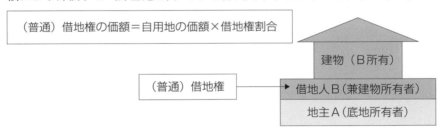

　上記算式中の「借地権割合」は，路線価地域については路線価図に記号（A～G，記号と割合との対応関係は以下の表を参照）で表示され，倍率地域については，評価倍率表にその割合が示されている。

○路線価図における借地権割合の記号表示

記　号	A	B	C	D	E	F	G
借地権割合	90%	80%	70%	60%	50%	40%	30%

9 定期借地権の評価

(1) 定期借地権の意義

　定期借地権とは，平成4年に施行された改正借地借家法により導入された新しい借地権[14]の形態で，当初の契約期間の終了により確実に貸主に更地が返還されることが主たる特徴である借地権をいう。定期借地権には以下の三種類がある。
① 定期借地権（一般定期借地権，借地借家法22）
② 事業用定期借地権等（借地借家法23）
③ 建物譲渡特約付借地権（借地借家法24）
　上記借地権の相違点を表にまとめると以下のとおりとなる。

○借地借家法上の借地権の類型と相違点

	普通借地権	一般定期借地権	事業用定期借地権等	建物譲渡特約付借地権
利用制限	なし	なし	事業用のみ	なし
存続期間	30年以上	50年以上	10年以上50年未満	30年以上
法定更新	最初20年，2回目以降10年	建物取壊し予定の場合，法定更新の排除可	なし	なし
契約書式	なし	書面による必要あり	公正証書による必要あり	なし
終了事由	正当な事由が必要	期間満了により終了	期間満了により終了	建物譲渡により終了

14　それまでの借地権は普通借地権（借地借家法2，3）という。

(2) 定期借地権の評価

＜原則的な評価方法＞

定期借地権は原則として，課税時期において借地人に帰属する経済的利益及びその存続期間を基に評定した価額で評価することとされている（評基通27-2）。

＜例外的な評価方法＞

一方，簡便法として，課税上弊害がない限り，以下の算式により計算した金額によって評価することができるものとされている（評基通27-2但書）。

$$
\text{定期借地権の価額} = \text{定期借地権等の目的となっている宅地の課税時期における自用地としての価額} \times \frac{\text{定期借地権の設定時における借地人に帰属する経済的利益の総額}}{\text{定期借地権の設定時におけるその宅地の通常の取引価額}} \times \frac{\text{課税時期におけるその定期借地権等の残存期間年数に応ずる基準年利率による複利年金現価率}}{\text{定期借地権等の設定期間年数に応ずる基準年利率による複利年金現価率}}
$$

（注）「基準年利率」は四半期ごとに期間区分（短期・中期・長期）の別に公表されており，例えば平成26年12月の利率は短期0.01％，中期0.05％，長期0.75％である。

上記算式中の「定期借地権の設定時における借地人に帰属する経済的利益の総額」は，以下の金額の合計額である（評基通27-3）。

① 返還不要の権利金等の授受がある場合

　返還不要の権利金等の額

② 返還が必要な保証金等の授受がある場合

　保証金等の授受に伴う経済的利益の額

　この金額を算式で示すと次のとおりとなる。

$$\text{保証金等の額に相当する金額} - \underbrace{\left[\text{保証金等の額に相当する金額} \times \text{定期借地権等の設定期間年数に応じる基準年利率による複利現価率}\right]}_{\text{保証金の返済原資相当額}}$$

$$- \underbrace{\left[\text{保証金等の額に相当する金額} \times \text{基準年利率未満の約定利率} \times \text{定期借地権等の設定期間年数に応じる基準年利率による複利年金現価率}\right]}_{\text{毎年の支払利息の期間総額}}$$

③ 差額地代が認識される場合

　毎年授受すべき実質的に贈与を受けたと認められる差額地代の現在価値相当額

　この金額を算式で示すと以下のとおりとなる。

差額地代の額 × 定期借地権等の設定期間年数に応じる基準年利率による複利年金現価率

(3) 定期借地権の目的となっている宅地の評価

　定期借地権等の目的となっている宅地，すなわち底地の価額は，自用地価額から上記(2)に従い計算した定期借地権の評価額を控除した金額になるというのが普通の考え方であろう。

　実際，従来はそのように評価していたが，国税庁が一般定期借地権に関する事例の増加を受けその実態を調査したところ，一定の要件に該当するものは別の評価方法の方が妥当とされたため，個別通達を発遣し新たな評価方法を提示した（平成10年8月25日付課評2－8「一般定期借地権の目的となっている宅地の評価に関する取扱いについて」）。

① 一般定期借地権の目的となっている宅地の評価

　当該通達によれば，一般定期借地権（一定の地域に設定されたもの及び課税

上弊害があるものを除く）の目的となっている宅地（底地）の価額は，当該宅地の課税時期における自用地としての価額から，一般定期借地権の価額に相当する金額を控除した金額によって評価することとなる。これを算式で示すと以下のとおりとなる。

$$
\begin{matrix} 一般定期借地権の目的 \\ となっている宅地の評価 \end{matrix} = \begin{matrix} 課税時期における \\ 自用地としての価額 \end{matrix} - \begin{matrix} 一般定期借地権の \\ 価額に相当する金額 \end{matrix}
$$

上記算式中の「一般定期借地権の価額に相当する金額」とは，課税時期における自用地としての価額に，以下の算式で計算した値を乗じて計算した金額となる。

$$
(1-底地割合^{(注)}) = \frac{課税時期におけるその一般定期借地権の残存期間年数に応ずる基準年利率による複利年金現価率}{定期借地権等の設定期間年数に応じる基準年利率による複利年金現価率}
$$

（注）「底地割合」とは，借地権割合の地域区分に応じて次の表に定める割合となる。

地域区分	借地権割合		底地割合
	路線価図	評価倍率表	
	C	70%	55%
	D	60%	60%
	E	50%	65%
	F	40%	70%
	G	30%	75%

なお，一般定期借地権の設定行為が「課税上弊害がある」かどうかの判断基準は，以下のとおりとなる。

＜実質基準＞
イ　一般定期借地権の設定等の行為が専ら税負担回避を目的としたものかどう

か
ロ　通達の定めによって評価することが著しく不適当と認められることとなるかどうか

＜形式基準＞
　一般定期借地権の借地権者が次に掲げる者に該当する場合には，「課税上弊害がある」とされる。
イ　借地権設定者の親族
ロ　借地権設定者とまだ婚姻関係にないが，事実上婚姻関係と同様の事情がある者及びその親族でその者と生計を一にしているもの
ハ　借地権設定者の使用人及び使用人以外の者で借地権設定者から受ける金銭その他の財産によって生計を維持しているもの並びにこれらの者の親族でこれらの者と生計を一にしているもの
ニ　借地権設定者が法人税法第2条第15号に規定する役員となっている会社
ホ　借地権設定者，その親族，上記ロ及びハに掲げる者並びにこれらの者と法人税法第2条第10号に規定する政令で定める特殊の関係にある法人を判定の基礎とした場合に同号に規定する同族会社に該当する法人
ヘ　上記ニ又はホに掲げる法人の役員又は使用人
ト　借地権設定者が，借地借家法第15条の規定により，自ら一般定期借地権を有することとなる場合の借地権設定者

② **①以外の定期借地権等の目的となっている宅地の評価**
　上記①以外の定期借地権等，すなわち通常の一般定期借地権，事業用定期借地権及び建物譲渡特約付借地権の目的となっている宅地（底地）の価額は，原則として，その宅地の自用地価額から定期借地権等の評価額を控除した金額により評価する。
　ただし，その定期借地権等の評価額が，その宅地の自用地価額に次に掲げる定期借地権等の残存期間に応じる割合を乗じて計算した金額を下回る場合には，その宅地の自用地価額からその価額に次に掲げる割合を乗じて計算した金額を

控除した金額によって評価する（評基通25(2)）。

残存期間が5年以下のもの	100分の5
残存期間が5年超10年以下のもの	100分の10
残存期間が10年超15年以下のもの	100分の15
残存期間が15年超のもの	100分の20

(4) 定期借地権の評価事例

【事例1】 一般定期借地権の評価

個人Aは，所有する土地を契約期間50年の一般定期借地権契約により個人B（Aの親族等に該当しない第三者）に貸し付けた。

条件は以下のとおりである。

- 権利金：6,000千円
- 保証金：12,000千円（無利息で，解約時に全額返還）
- 地代：900千円（年額）
- 契約時の土地の価額（時価）：60,000千円（自用地評価額）
- 相続発生時：平成26年12月10日（契約日から10年経過）
- 平成26年12月の基準年利率：0.75％（長期）
- 年0.75％の場合の複利年金現価率：34.447（40年），41.566（50年）
- 年0.75％の場合の複利現価率：0.742（40年），0.688（50年）
- 借地権割合：60％（地域区分D）
- 相続発生時の土地の価額（自用地評価額）：100,000千円（通常の取引価額），80,000千円（相続税評価額）

この場合，定期借地権の評価額，定期借地権の目的となっている宅地（底地）の評価額及び保証金の評価額を求めると以下のとおりとなる。

＜定期借地権の設定時における借地人に帰属する経済的利益の額＞

6,000千円（権利金）＋12,000千円（保証金）×（1－0.688）＝9,744千円

<定期借地権の評価額>

$$80,000千円 \times \frac{9,744千円}{60,000千円} \times \frac{34.447}{41.566} = \underline{10,766,863円}$$

<定期借地権の目的となっている宅地（底地）の評価額>

$$80,000千円 \times （1 - 60\%） \times \frac{34.447}{41.566} = 26,519,367円$$

借地権割合が60%（D）の場合における底地割合

80,000,000円 − 26,519,367円 = 53,480,633円

　Aの貸し付けた先であるBはAの親族等に該当しない第三者であるため，課税上弊害がないと考えられることから，評基通27-2の規定の適用により上記のとおり計算される。

　この場合，

　　定期借地権の評価額　＋　底地の評価額　＜　自用地の評価額
　　　（10,766,863円）　　　（53,480,633円）　　　（80,000,000円）

となり，納税者にとって有利な取扱いといえる。

<保証金の評価額>

12,000千円 × 0.742 = <u>8,904千円</u>

　上記に関する「定期借地権等の評価明細書」の記載例は162～163頁のとおりである。

【事例2】差額地代がある場合

　個人Cは，所有する土地を契約期間50年の一般定期借地権契約により個人D（Cの親族）に貸し付けた。条件は以下のとおりである。

- 権利金：6,000千円
- 保証金：12,000千円（保証金金利は年0.5％で，解約時に全額返還）
- 地代：360千円（年額）
- 第三者間の適正地代：900千円（年額）
- 契約時の土地の価額（時価）：60,000千円（自用地評価額）
- 相続発生時：平成26年12月10日（契約日から10年経過）

- 平成26年12月の基準年利率：0.75％（長期）
- 年0.75％の場合の複利年金現価率：34.447（40年），41.566（50年）
- 年0.75％の場合の複利現価率：0.742（40年），0.688（50年）
- 年0.75％の場合の年賦償還率：0.024（50年）
- 借地権割合：60％（地域区分D）
- 相続発生時の土地の価額（自用地評価額）：100,000千円（通常の取引価額），80,000千円（相続税評価額）
- 相続発生時の地代：480千円（年額）
- 相続発生時の第三者間の適正地代：1,200千円（年額）

この場合，定期借地権の評価額，定期借地権の目的となっている宅地（底地）の評価額及び保証金の評価額を求めると以下のとおりとなる。

＜定期借地権の設定時における借地人に帰属する経済的利益の額＞

ア．権利金：6,000千円

イ．保証金：12,000千円 − (12,000千円×0.688) − (12,000千円×0.5％×41.566) = 1,250,040円
　　　　　　　　　　　　　　　　　　　　　前払地代相当額

ウ．差額地代：{900千円 − (360千円 + 6,000千円×0.024 + 1,250,040円×0.024)} × 41.566 = 15,213,156円
　　　　　　　　　　　　　　　　　　　　　　実質地代の年額

エ．経済的利益の総額：ア＋イ＋ウ＝6,000,000円＋1,250,040円＋15,213,116円
　　　　　　　　　　　　　　　　＝22,463,196円

＜定期借地権の評価額＞

$$80{,}000千円 \times \frac{22{,}463{,}196円}{60{,}000{,}000円} \times \frac{34.447}{41.566} = \underline{24{,}821{,}238円}$$

＜定期借地権の目的となっている宅地（底地）の評価額＞

オ．80,000,000円 − 24,821,238円 = 55,178,762円

カ．80,000,000円 × (1 − 0.2) = 64,000,000円

オ＜カ　∴ <u>55,178,762円</u>

Cの貸し付けた先であるDはCの親族に該当するため，課税上弊害があると考えられることから，評基通25(2)の規定の適用により上記のとおり計算される。

この場合，定期借地権の評価額（24,821,238円）＋底地の評価額（55,178,762円）＝自用地の評価額（80,000,000円）となる。

＜保証金の評価額＞

キ．12,000千円×0.742＝8,904千円

ク．12,000千円×0.5％×34.447＝2,066,820円

　保証金の評価額＝キ＋ク＝8,904,000円＋2,066,820円＝<u>10,970,820円</u>

　上記に関する「定期借地権等の評価明細書」の記載例は164～165頁のとおりである。

第2章 不動産評価の実際

(表)
定期借地権等の評価明細書

(平成二十年分以降用)

(住居表示) 所在地番		(地積) ㎡	設定年月日	平成 年 月 日	設定期間年数	⑦	50 年
		課税時期	平成26年12月10日	残存期間年数	⑧	40 年

定期借地権 等の種類	○一般定期借地権・建物譲渡特約付借地権・ 事業用定期借地権等	設定期間年数に応ずる基準年利率による	複利現価率	④	0.688
定期借地権の設定時	自用地としての価額 ①	(1㎡当たりの価額 円) 円		複利年金現価率	⑤	41.566
	通常取引価額 ②	(通常の取引価額又は①／0.8) 60,000,000 円				
課税時期	自用地としての価額 ③	(1㎡当たりの価額 円) 80,000,000 円	残存期間年数に応ずる基準年利率による複利年金現価率	⑥	34.447

(注) ④及び⑤に係る設定期間年数又は⑥に係る残存期間年数について、その年数に1年未満の端数があるときは6ヶ月以上を切り上げ、6ヶ月未満を切り捨てます。

○定期借地権等の評価

経済的利益の額の計算	権利金等の授受がある場合	(権利金等の金額) (A) 6,000,000 円 = ⑨	権利金・協力金・礼金等の名称のいかんを問わず、借地契約の終了のときに返還を要しないとされる金銭等の額の合計を記載します。	(権利金等の授受による経済的利益の金額) ⑨ 6,000,000 円
	保証金等の授受がある場合	(保証金等の額に相当する金額) (B) 12,000,000	保証金・敷金等の名称のいかんを問わず、借地契約の終了のときに返還を要するものとされる金銭等(保証金等)の預託があった場合において、その保証金等につき基準年利率未満の約定利率の支払いがあるとき又は無利息のときに、その保証金等の金額を記載します。	(保証金等の授受による経済的利益の金額) ⑩ 3,744,000 円

(保証金等の授受による経済的利益の金額の計算)
$$(B) - \left[(B) \times 0.688 \right] - \left[(B) \times 0\% \times 41.566 \right] = ⑩$$
(④の複利現価率) (基準年利率未満の約定利率) (⑤の複利年金現価率)

(権利金等の授受による経済的利益の金額) (保証金等の授受による経済的利益の金額) (贈与を受けたと認められる差額地代の額がある場合の経済的利益の金額) (経済的利益の総額)
⑨ 6,000,000 円 + ⑩ 3,744,000 円 + ⑪ 0 円 = ⑫ 9,744,000

(注) ⑪欄は、個々の取引の事情・当事者間の関係等を総合勘案し、実質的に贈与を受けたと認められる差額地代の額がある場合に記載します(計算方法は、裏面2参照)。

評価額の計算	(課税時期における自用地としての価額) 80,000,000 円 ×	(経済的利益の総額) ⑫ 9,744,000 円 ×	(⑥の複利年金現価率) 34.447	= ⑬ (定期借地権等の評価額)
		(設定時の通常取引価額) ② 60,000,000 円	(⑤の複利年金現価率) 41.566	10,766,863 円

(注) 保証金等の返還の時期が、借地契約の終了のとき以外の場合の⑩欄の計算方法は、税務署にお尋ねください。

○定期借地権等の目的となっている宅地の評価

一般定期借地権の目的となっている宅地 (裏面1の④に該当するもの)	(課税時期における自用地としての価額) ③ 80,000,000 円 −	(課税時期における自用地としての価額) ③ 80,000,000 円 ×	(底地割合) (裏面3参照) $\left(1 - 60\%\right)$ ×	$\dfrac{(⑥の複利年金現価率) 34.447}{(⑤の複利年金現価率) 41.566}$ = ⑭	一般定期借地権の目的となっている宅地の評価額 53,480,633 円
上記以外の定期借地権等の目的となっている宅地 (裏面1の⑥に該当するもの)	(課税時期における自用地としての価額) ③ 円	− (定期借地権等の評価額) ⑬ 円	= ⑮ 円		上記以外の定期借地権等の目的となっている宅地の評価額 (⑮と⑯のいずれか低い金額) ⑰ 円
	(課税時期における自用地としての価額) ③ 円 ×	$\left(1 - \dfrac{残存期間年数に応じた割合(裏面4参照)}{}\right)$ = ⑯ 円			

(資4-80-1-A4統一)

[9] 定期借地権の評価　163

(裏)

1　定期借地権等の種類と評価方法の一覧

定期借地権の種類	定期借地権等の評価方法	定期借地権等の目的となっている宅地の評価方法
一般定期借地権 (借地借家法第22条)	財産評価基本通達27-2に定める評価方法による	平成10年8月25日付課評2-8・課資1-13「一般定期借地権の目的となっている宅地の評価に関する取扱いについて」に定める評価方法による　Ⓐ
		※
事業用定期借地権等 (借地借家法第23条)		財産評価基本通達25(2)に定める評価方法による　Ⓑ
建物譲渡特約付借地権 (借地借家法第24条)		

(注)※印部分は、一般定期借地権の目的となっている宅地のうち、普通借地権の借地権割合の地域区分A・B地域及び普通借地権の取引慣行が認められない地域に存するものが該当します。

2　実質的に贈与を受けたと認められる差額地代の額がある場合の経済的利益の金額の計算

差額地代(設定時)

同種同等地代の年額(C)	円	実際地代の年額(D)	円	設定期間年数に応ずる基準年利率による年賦償還率	⑱

　　　（前払地代に相当する金額）　　　　　　　　（実際地代の年額(D)）　（実質地代の年額(E)）
（権利金等⑨）　（⑱の年賦償還率）　（保証金等⑩）　（⑱の年賦償還率）
　　　円　×　　　　　　　＋　　　　円　×　　　　　　　＋　　　　円　＝　　　　円

　　（差額地代の額）　　　　　　　　　　　　　（⑤の複利年金現価率）
（同種同等地代の年額(C)）　（実質地代の年額(E)）　　　　　　　　　　　　　　　贈与を受けたと認められる差額地代の額がある場合の経済的利益の金額　⑪
（　　　円　－　　　　　　　円）　×　　　　　　　＝　　　　円

(注)「同種同等地代の年額」とは、同種同等の他の定期借地権等における地代の年額をいいます。

3　一般定期借地権の目的となっている宅地を評価する場合の底地割合

	借地権割合		底地割合
	路線価図	評価倍率表	
地域区分	C	70%	55%
	D	60%	(60%)
	E	50%	65%
	F	40%	70%
	G	30%	75%

4　定期借地権等の目的となっている宅地を評価する場合の残存期間年数に応じた割合

残存期間年数	割合
5年以下の場合	5%
5年を超え10年以下の場合	10%
10年を超え15年以下の場合	15%
15年を超える場合	20%

(注)残存期間年数の端数処理は行いません。

(資4-80-2-A4統一)

164　第2章　不動産評価の実際

(表)
定 期 借 地 権 等 の 評 価 明 細 書

(平成二十年分以降用)

(住居表示) 所 在 地 番		(地積)　　㎡	設定年月日	平成　年　月　日	設定期間年数	⑦	50 年
			課税時期	平成26年1月10日	残存期間年数	⑧	40 年

定期借地権 等の種類	・⦅一般定期借地権⦆・建物譲渡特約付借地権・ 事業用定期借地権等	設定期間年数に応ずる基準年利率による	複利現価率	④	0.688
定期借地権等の設定時	自用地としての価額　① (1㎡当たりの価額　　　　円)　　円		複利年金現価率	⑤	41.566
	通常取引価額　② (通常の取引価額又は①/0.8)　60,000,000 円				
課税時期	自用地としての価額　③ (1㎡当たりの価額　　　　円)　80,000,000 円	残存期間年数に応ずる基準年利率による複利年金現価率		⑥	34.447

(注) ④及び⑤に係る設定期間年数又は⑥に係る残存期間年数について、その年数に1年未満の端数があるときは6ヶ月以上を切り上げ、6ヶ月未満を切り捨てます。

○定期借地権等の評価

経済的利益の額の計算

権利金等の授受がある場合
(権利金等の金額)
(A) 6,000,000 円　⑨
権利金・協力金・礼金等の名称のいかんを問わず、借地契約の終了のときに返還を要しないとされる金銭等の額の合計を記載します。
(権利金等の授受による経済的利益の金額) ⑨ 6,000,000 円

保証金等の授受がある場合
(保証金等の額に相当する金額)
(B) 12,000,000 円
保証金・敷金等の名称のいかんを問わず、借地契約の終了のときに返還を要するものとされる金銭等(保証金等)の預託があった場合において、その保証金等につき基準年利率未満の約定利率の支払いがあるとき又は無利息のときに、その保証金等の金額を記載します。
(保証金等の授受による経済的利益の金額) ⑩ 1,250,040 円

(保証金等の授受による経済的利益の金額の計算)
(B) − (B) × 0.688 (④の複利現価率) − (B) × 0.5% (基準年利率未満の約定利率) × 41.566 (⑤の複利年金現価率) = ⑩

(権利金等の授受による経済的利益の金額) ⑨ 6,000,000 円 + (保証金等の授受による経済的利益の金額) ⑩ 1,250,040 円 + (贈与を受けたと認められる差額地代の額がある場合の経済的利益の金額) ⑪ 15,213,156 円 = (経済的利益の総額) ⑫ 22,463,196 円

(注) ⑪欄は、個々の取引の事情・当事者間の関係等を総合勘案し、実質的に贈与を受けたと認められる差額地代の額がある場合に記載します(計算方法は、裏面2参照。)。

評価額の計算

(課税時期における自用地としての価額) ③ 80,000,000 円 × (経済的利益の総額) ⑫ 22,463,196 円 / (設定時の通常取引価額) ② 60,000,000 円 × (⑥の複利年金現価率) 34.447 / (⑤の複利年金現価率) 41.566 = (定期借地権等の評価額) ⑬ 24,821,238 円

(注) 保証金等の返還の時期が、借地契約の終了のとき以外の場合の⑩欄の計算方法は、税務署にお尋ねください。

○定期借地権等の目的となっている宅地の評価

一般定期借地権の目的となっている宅地 (裏面1のⓐに該当するもの)	(課税時期における自用地としての価額) ③ 円 − (課税時期における自用地としての価額) ③ 円 × (底地割合) (裏面3参照) × (1 − (⑥の複利年金現価率)/(⑤の複利年金現価率)) =	(一般定期借地権の目的となっている宅地の評価額) ⑭ 円
上記以外の定期借地権等の目的となっている宅地 (裏面1のⓑに該当するもの)	(課税時期における自用地としての価額) ③ 80,000,000 円 − (定期借地権等の評価額) ⑬ 24,821,238 円 = ⑮ 55,178,762 円 (課税時期における自用地としての価額) ③ 80,000,000 円 × (1 − (残存期間年数に応じた割合) (裏面4参照) 20%) = ⑯ 64,000,000 円	(上記以外の定期借地権等の目的となっている宅地の評価額) (⑮と⑯のいずれか低い金額) ⑰ 55,178,762 円

(資4-80-1-A4統一)

⑨ 定期借地権の評価　165

(裏)

1　定期借地権等の種類と評価方法の一覧

定期借地権の種類	定期借地権等の評価方法	定期借地権等の目的となっている宅地の評価方法
一般定期借地権 （借地借家法第22条）	財産評価基本通達27-2に定める評価方法による	平成10年8月25日付課評2-8・課資1-13「一般定期借地権の目的となっている宅地の評価に関する取扱いについて」に定める評価方法による　Ⓐ
事業用定期借地権等 （借地借家法第23条）		※
建物譲渡特約付借地権 （借地借家法第24条）		財産評価基本通達25(2)に定める評価方法による　Ⓑ

(注)　※印部分は、一般定期借地権の目的となっている宅地のうち、普通借地権の借地権割合の地域区分A・B地域及び普通借地権の取引慣行が認められない地域に存するものが該当します。

2　実質的に贈与を受けたと認められる差額地代の額がある場合の経済的利益の金額の計算

差額地代（設定時）

同種同等地代の年額（C）	実際地代の年額（D）	設定期間年数に応じる基準年利率による年賦償還率　⑱
900,000 円	360,000 円	0.024

（前払地代に相当する金額）　　　　（実際地代の年額（D））　（実質地代の年額（E））

（権利金等⑨）　（⑱の年賦償還率）　（保証金等⑩）　（⑱の年賦償還率）

6,000,000 円 × 0.024 ＋ 1,250,040 円 × 0.024 ＋ 360,000 円 ＝ 534,000 円

（差額地代の額）　　　　　　　　　　　　（⑤の複利年金現価率）

（同種同等地代の年額（C））　（実質地代の年額（E））

(900,000 円 － 534,000 円) × 41.566 ＝ ⑪　贈与を受けたと認められる差額地代の額がある場合の経済的利益の金額

15,213,156 円

(注)　「同種同等地代の年額」とは、同種同等の他の定期借地権等における地代の年額をいいます。

3　一般定期借地権の目的となっている宅地を評価する場合の底地割合

借地権割合		底地割合
路線価図	評価倍率表	
C	70%	55%
D	60%	60%
E	50%	65%
F	40%	70%
G	30%	75%

地域区分

4　定期借地権等の目的となっている宅地を評価する場合の残存期間年数に応じた割合

残存期間年数	割合
5年以下の場合	5%
5年を超え10年以下の場合	10%
10年を超え15年以下の場合	15%
15年を超える場合	20%

(注)　残存期間年数の端数処理は行いません。

(資4-80-2-A4統一)

10 転貸借地権の評価

(1) 転貸借地権の意義

　転貸借地権とは，一般に，他から借り入れている宅地を自己の用に供することなく，他に転貸している場合に生じる借地権をいう。転貸借地権を図で示すと以下のとおりとなる。

○転貸借地権の概念図

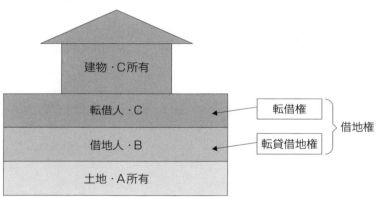

(2) 転貸借地権の評価

　財産評価基本通達によれば，転貸借地権の評価は以下の算式のとおり行うこととされている（評基通29）。

```
転貸借地権の評価額 ＝借地権の価額－借地権の価額×借地権割合
                 ＝借地権の価額×（1－借地権割合）
```

【事例】
・評価対象地の自用地の価額：10,000万円

- 借地権割合：70％

 転貸借地権の評価額＝10,000万円×70％×（1－70％）＝<u>2,100万円</u>

(3) 二つの転借権

借地人から宅地を借り受けている転借人は，借地権の目的となっている宅地に関する「転借権」を有する。当該転借権には，その土地の上に自己が所有し利用する建物がある場合（自用転借権のケース）と，その土地の上に自己が所有するものの他に賃貸する建物がある場合（貸家建付転借権のケース）とがある。それぞれの転借権を図示すると以下のとおりとなる。

○自用転借権のケース

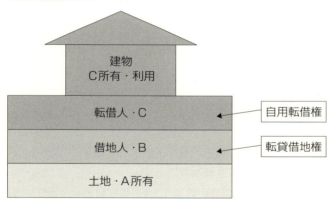

○貸家建付転借権のケース

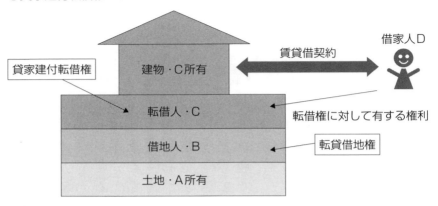

(4) 転借権の評価

二つの転借権の評価はそれぞれ以下のとおりとなる(評基通30)。

① 自用転借権

　自用転借権の評価＝借地権の価額×借地権割合

　　　　　　　　　＝自用地の価額×借地権割合×借地権割合

② 貸家建付転借権

　貸家建付転借権の評価＝(自用)転借権の価額－(自用)転借権の価額×借家権割合×賃貸割合

　　　　　　　　　　　＝(自用)転借権の価額×(1－借家権割合×賃貸割合)

【事例1】自用転借権のケース

- 評価対象地の自用地の価額：5,000万円
- 借地権割合：70％

　自用転借権の評価額＝5,000万円×70％×70％＝2,450万円
　　　　　　　　　　　　　借地権の価額

【事例2】貸家建付転借権のケース

- 評価対象地の自用地の価額：6,000万円
- 借地権割合：70％

- 借家権割合：30%
- 賃貸割合：100%

　貸家建付転借権の評価額
　＝$\underbrace{6,000万円 \times 70\% \times 70\%}_{転借権の価額} \times （1 － 30\% \times 100\%） ＝ \underline{2,058万円}$

11　農地の評価

(1)　農地の意義と評価単位

　農地法上，農地とは耕作の目的に供される土地をいうとされているが（農地法2①），財産評価基本通達上，農地（田及び畑）の評価単位は，原則として耕作の単位となっている一区画の農地である（評基通7－2(2)）。

　ただし，市街地周辺農地（評基通36－3），市街地農地（評基通40），広大な市街地農地（評基通40－2）及び生産緑地（評基通40－3，本章12参照）は，それぞれにつき，利用の単位となっている一団の農地を評価単位とする（評基通7－2(2)但書）。この場合，贈与，遺産分割等による農地の分割が親族間等で行われた場合において，例えば，分割後の画地が農地として通常の用途に供することができないなど，その分割が著しく不合理であると認められるときは，その分割前の画地を「一団の農地」とする（評基通7－2(2)但書）。

(2)　農地の分類

　財産評価基本通達によれば，農地の評価に際しては，以下の区分に従って評価することとされている（評基通34）。

① 　純農地
② 　中間農地
③ 　市街地周辺農地
④ 　市街地農地

(3) 純農地の評価方法

純農地とは、以下のいずれかに該当する農地をいい、市街地農地（評基通36-4）に該当するものを除くものとされている（評基通36）。

① 農用地区域内にある農地
② 市街化調整区域内にある農地のうち、第1種農地又は甲種農地に該当するもの
③ 上記①・②に該当する農地以外の農地のうち、第1種農地に該当するもの。ただし、近傍農地の売買実例価額、精通者意見価格等に照らし、第2種農地又は第3種農地に準ずる農地と認められるものを除く。

純農地の価額は、その農地の固定資産税評価額に、田又は畑の別に、地勢、土性、水利等の状況の類似する地域ごとに、その地域にある農地の売買実例価額、精通者意見価格等を共に国税局長の定める倍率を乗じて計算した金額によって評価する（倍率方式、評基通37）。

なお、純農地の実際の地積が台帳面積と異なる場合が少なからず見られるが、その場合には、台帳上の地積に対応する固定資産税評価額を実際の地積に対応する価額に修正し、その後に倍率を乗じて計算した価額をもって評価額とすることとなる。

【事例】
- 純農地（畑）の台帳上の地積：30アール
- 実際の地積：33アール
- 固定資産税評価額：320,000円
- 倍率：12倍

$$\text{純農地の評価額} = 320{,}000\text{円} \times \frac{33\text{アール}}{30\text{アール}} \times 12\text{倍} = \underline{4{,}224{,}000\text{円}}$$

(4) 中間農地の評価方法

中間農地とは、以下のいずれかに該当する農地をいい、市街地農地（評基通

36-4）に該当するものを除くものとされている（評基通36-2）。

① 第2種農地
② 上記①に該当する農地以外の農地のうち，近傍農地の売買実例価額，精通者意見価格等に照らし，第2種農地に準ずる農地と認められるもの

中間農地の価額は，(3)の純農地と同様に，その農地の固定資産税評価額に，田又は畑の別に，地価事情の類似する地域ごとに，その地域にある農地の売買実例価額，精通者意見価格等を共に国税局長の定める倍率を乗じて計算した金額によって評価する（倍率方式，評基通38）。

(5) 市街地周辺農地

市街地周辺農地とは，以下のいずれかに該当する農地をいい，市街地農地（評基通36-4）に該当するものを除くものとされている（評基通36-3）。

① 第3種農地
② 上記①に該当する農地以外の農地のうち，近傍農地の売買実例価額，精通者意見価格等に照らし，第3種農地に準ずる農地と認められるもの

市街地周辺農地の価額は，当該市街地周辺農地が市街地農地であるとした場合の価額の100分の80に相当する金額によって評価する（評基通39）。次の(6)で示す市街地農地の評価方法を基に市街地周辺農地の評価方法を算式で示すと，以下のとおりとなる。

$$\text{市街地周辺農地の評価額} = \left[\text{その農地が宅地であるとした場合の1㎡当たりの価額} - \text{1㎡当たりの宅地造成費} \right] \times \text{地積} \times 0.8$$

なお，評価額につき80％に減額するのは，宅地転用が許可される地域の農地ではあるものの，未だ現実には許可されていないことを考慮してのものとされる[15]。

---

15 谷口前掲注3書260頁。

(6) 市街地農地

市街地農地とは，以下のいずれかに該当する農地をいう（評基通36－4）。

① 農地法第4条（農地の転用の制限）又は第5条（農地又は採草放牧地の転用のための権利移転の制限）に規定する許可（転用許可）を受けた農地
② 市街化区域内にある農地
③ 農地法の一部を改正する法律附則第2条第5項の規定により，なお従前の例によるものとされる改正前の農地法第7条第1項第4号の規定により，転用許可を要しない農地として，都道府県知事の指定を受けたもの

市街地農地の価額は，以下のいずれかの方法により評価することとなる（評基通40）。

イ　宅地比準方式

その価額が宅地であるとした場合の1㎡当たりの価額から，その農地を宅地に転用する通常必要と認められる1㎡当たりの造成費に相当する金額として，整地，土盛り又は土止めに要する費用の額が概ね同一と認められる地域ごとに国税局長の定める金額を控除した金額に，その農地の地積を乗じて計算した金額によって評価する。これを算式で示すと以下のとおりとなる。

$$\text{市街地農地の評価額} = \left[\text{その農地が宅地であるとした場合の1㎡当たりの価額} - \text{1㎡当たりの宅地造成費} \right] \times \text{地積}$$

上記算式中の「1㎡当たりの宅地造成費」は，各国税局長が定めた金額が「財産評価基準書」に記載されている。東京国税局の宅地造成費の金額表（平成27年分・抜粋）は次のとおりである。

○宅地造成費の金額表（平成27年分・東京都）
表1　平坦地の宅地造成費

工事費目		造成区分	金額
整地費	整地費	整地を必要とする面積1㎡当たり	600円
	伐採・抜根費	伐採・抜根を必要とする面積1㎡当たり	600円
	地盤改良費	地盤改良を必要とする面積1㎡当たり	1,300円
土盛費		他から土砂を搬入して土盛りを必要とする場合の土盛り体積1㎡当たり	4,400円
土止費		土止めを必要とする場合の擁壁の面積1㎡当たり	50,500円

表2　傾斜地の宅地造成費

傾斜度	金額
3度超　5度以下	9,900円/㎡
5度超　10度以下	17,200円/㎡
10度超　15度以下	23,900円/㎡
15度超　20度以下	39,100円/㎡

なお、(5)の市街地周辺農地と異なり、評価額につき80％相当額に減額する措置を採らないのは、市街地農地の場合宅地への転用許可を要しないためである[16]。

ロ　倍率方式

市街化区域内にある市街地農地については、その農地の固定資産税評価額に地価事情の類似する地域ごとに、その地域にある農地の売買実例価額、精通者意見価格等を基として国税局長の定める倍率を乗じて計算した金額によって評価することができ、その倍率が定められている地域にある市街地農地の価額は、その農地の固定資産税評価額にその倍率を乗じて計算した金額によって評価する。これを算式で示すと次のとおりとなる。

16　谷口前掲注3書262頁。

> 市街地農地の評価額＝固定資産税評価額×倍率

【事例】市街地農地の評価

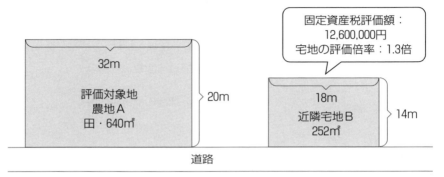

- 整地・地盤改良を要する面積：640㎡
- 土盛りを要する体積：1.5mのかさ上げが必要なため，960㎥（＝640㎡×1.5m）
- 土止めを要する擁壁の面積：1.5mの擁壁が必要なため，108㎡（＝（32m＋20m＋20m[17]）×1.5m）
- 整地費：500円／㎡
- 地盤改良費：1,300円／㎡
- 土盛費：4,200円／㎥
- 土止費：46,500円／㎡

＜評価対象地Aが宅地であるとした場合の価額＞

近隣宅地Bの1㎡当たりの価額＝12,600,000円×1.3倍÷252㎡＝65,000円

＜1㎡当たりの造成費＞

整地費：640㎡×500円／㎡＝320,000円

地盤改良費：640㎡×1,300円／㎡＝832,000円

土盛費：960㎥×4,200円／㎥＝4,032,000円

17　道路に接する32mの区間は既に工事完了済みとする。

土止費：108㎡×46,500円／㎡＝5,022,000円

合計：10,206,000円

1㎡当たりの造成費＝10,206,000円÷640㎡＝15,946円

＜農地の評価額＞

農地Aの評価額＝（65,000円－15,946円）×640㎡＝<u>31,394,560円</u>

(7) 広大な市街地農地等

　市街地周辺農地及び市街地農地のうち，それら農地が宅地であるとした場合において，財産評価基本通達24－4に規定される広大地（後述第3章⑥参照）に該当する場合，そのような農地を「広大な市街地農地等」という。このような広大な市街地農地等は，財産評価基本通達24－4の規定に準じて評価することとなる（評基通40－2）。これを算式で示すと以下のとおりとなる。

> 広大な市街地農地等の価額[18]＝正面路線価×広大地補正率×地積

　ただし，市街地周辺農地及び市街地農地を財産評価基本通達24－4の規定にしたがって評価した価額が同通達39（市街地周辺農地の評価，前述(5)）・40（市街地農地の評価，前述(6)）の定めにより評価した価額を上回る場合には，同通達39・40で定める通常の宅地比準方式又は倍率方式により評価する（評基通40－2但書）。

　なお，評価対象地が前述(5)の市街地周辺農地である場合には，財産評価基本通達24－4の規定に準じて評価した価額の100分の80に相当する金額によって評価する（評基通40－2（注））。

18　広大地補正率に宅地造成費は既に考慮されているため，同費用を別途控除しない。谷口前掲注3書263頁参照。

【事例】路線価地域に存する広大な市街地農地の評価

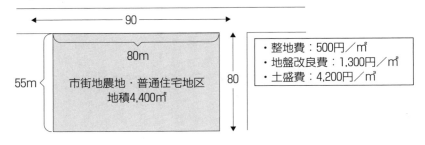

＜広大な市街地農地等の定めにより評価する場合＞

広大地補正率 = $0.6 - 0.05 \times \dfrac{4,400㎡}{1,000㎡} = 0.38$

評価額 = 90,000円 × 0.38（広大地補正率）× 4,400㎡ = 150,480,000円…ア

＜宅地比準方式により評価する場合＞

90,000円 × 0.88（奥行価格補正率）= 79,200円

79,200円 + 80,000円 × 0.82（奥行価格補正率）× 0.03（側方路線影響加算率）
= 81,168円

宅地造成費 = 4,400㎡ × 500円／㎡（整地費）+ 4,400㎡ × 1,300円／㎡（地盤改良費）+ 6,600㎡ × 4,200円／㎡（土盛費）+ 202.5㎡ × 46,500円／㎡（土止費）= 2,200,000円 + 5,720,000円 + 27,720,000円 + 9,416,250円

= 45,056,250円

1㎡当たりの造成費 = 45,056,250円 ÷ 4,400㎡ = 10,240円

評価額 =（81,168円 − 10,240円）× 4,400㎡（地積）= 312,083,200円…イ

ア＜イ　∴評価対象地の評価額 = 150,480,000円

12　生産緑地の評価

(1) 生産緑地の意義

　市街化区域内にある農地等で，以下の要件に該当する一団のものの区域については，都市計画において「生産緑地地区」として定めることができる（生産緑地法3）。

① 　公害又は災害の防止，農林漁業と調和した都市環境の保全等良好な生活環境の確保に相当の効用があり，かつ，公共施設等の敷地の用に供する土地として適しているものであること
② 　500㎡以上の規模の区域であること
③ 　用排水その他の状況を勘案して農林漁業の継続が可能な条件を備えていると認められるものであること

　上記に基づき農地等が「生産緑地」に指定されると，宅地等への転用といった農地等以外への利用が原則としてできないこととなり，市街化区域内にある農地等であっての相当な利用制限を受けることとなる（生産緑地法7～9）。そのため，生産緑地については，以下に掲げる事由が生じた場合には，当該生産緑地を市町村長に対して時価で買い取るべき旨の申出をすることができるとされている（生産緑地法10）。

④ 　その生産緑地に係る指定の告示の日から起算して30年を経過したとき
⑤ 　その生産緑地に係る指定の告示後にその生産緑地に係る農林漁業の主たる従事者が死亡等した場合

　上記に従い市町村長に対して買取りの申出を行った生産緑地について，その申出の日から起算して3か月以内に所有権が移転しない場合には，生産緑地法に定める行為の制限が解除されることとなり，宅地への転用等が可能となる（生産緑地法14）。

　生産緑地地区の指定例は次頁の地図のとおりである。

○生産緑地地区の指定例（埼玉県富士見市・太枠内）

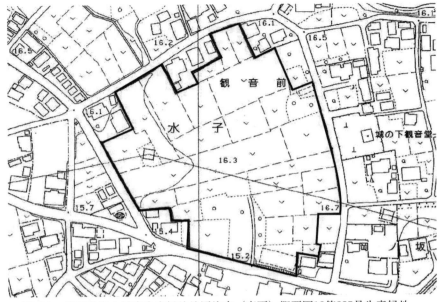

（出典） 埼玉県富士見市生産緑地地区決定（変更）概要図12第235号生産緑地。

(2) 生産緑地の評価

財産評価基本通達においては，生産緑地は以下の3類型に分けて評価することとされている（評基通40-3）。

① 課税時期において市町村長に対し買取りの申出をすることができない生産緑地

その生産緑地が生産緑地でないものとして評価した価額から，その価額に次の割合を乗じて計算した金額を控除した金額によって評価する。

課税時期から買取りの申出をすることができることとなる日までの期間	割合
5年以下のもの	100分の10
5年を超え10年以下のもの	100分の15
10年を超え15年以下のもの	100分の20
15年を超え20年以下のもの	100分の25
20年を超え25年以下のもの	100分の30
25年を超え30年以下のもの	100分の35

② **課税時期において市町村長に対し買取りの申出が行われていた生産緑地，又は，買取りの申出をすることができる生産緑地**

その生産緑地が生産緑地でないものとして評価した価額から，その価額に100分の5の割合を乗じて計算した金額を控除した金額によって評価する。

③ **課税時期において生産緑地法第10条の規定により市町村長に対し生産緑地を時価で買い取るべき旨の申出を行った日から起算して3か月（旧第2種生産緑地地区に係る旧生産緑地にあっては1か月）を経過している生産緑地**

その生産緑地が生産緑地でないものとして評価し，評価減はない。

行為制限が解除された生産緑地については，一般の農地等と同様に使用収益に制限がないため，一切の評価減は行わないものとされている。

ところで，上記①及び②の「その生産緑地が生産緑地でないものとして評価した価額」は，その生産緑地の存する地域により異なる。すなわち，宅地比準方式により評価すべき地域にある生産緑地については，通常の宅地比準方式により評価した価額をいう。一方，倍率方式により評価すべき地域にある生産緑地については，評価しようとしている生産緑地の近傍類似の生産緑地でない土地の評価額を算出し，その価額を基として宅地比準方式に準じて評価した価額をいう。

なお，「宅地比準方式」による評価とは，次の算式によることとなる。

$$\text{宅地比準方式による評価額} = \left[\text{その農地が宅地であるとした場合の1㎡当たりの価額} - \text{1㎡当たりの造成費} \right] \times \text{地積}$$

13 雑種地の評価

(1) 雑種地の意義

　雑種地とは，一般に，宅地，農地（田及び畑），山林，原野，牧場，池沼及び鉱泉地以外の土地をいうとされる（評基通7）。そのため，雑種地に分類される土地は様々であり，ゴルフ場，遊園地，運動場，テニスコート，競馬場，飛行場，鉄塔敷地，鉄軌道用地など，その実態は多種多様である[19]。

(2) 雑種地の評価単位

　雑種地は原則として，利用の単位となっている一団の雑種地（同一の目的に供されている雑種地をいう）を評価単位とする（評基通7－2(7)）。
　ただし，市街化調整区域以外の都市計画区域で市街地的形態を形成する地域において，評基通82（雑種地の評価）の定めにより宅地比準方式によって評価する宅地と状況が類似する雑種地が2以上の評価単位により一団となっており，その形状，地積の大小，位置等から見てこれらを一団として評価することが合理的と認められる場合には，その一団の雑種地ごとに評価するものとされている（評基通7－2(7)但書）。この場合，贈与，遺産分割等による雑種地の分割が親族間等で行われた場合において，例えば，分割後の画地が雑種地として通常の用途に供することができないなど，その分割が著しく不合理であると認められるときは，その分割前の画地（一団地）を一団の雑種地として取り扱うものとする（評基通7－2(7)但書）。

19　谷口前掲注3書376頁。

(3) 雑種地の評価

財産評価基本通達によれば、雑種地の価額は、以下の①又は②のいずれかにより評価することとなる（評基通82）。

① 近傍地比準価額方式

雑種地の価額は、原則として、その雑種地と状況が類似する付近の土地（近傍地）について評価した1㎡当たりの価額を基とし、その土地とその雑種地との位置関係、形状等の条件の差を考慮して算定した価額に、その雑種地の地積を乗じて計算した金額により評価する。市街化区域の雑種地については、基本的に宅地の価額を基とした宅地比準方式により評価することとなる[20]。

② 倍率方式

各国税局が公表する「財産評価基準書」において、雑種地の評価に関し、以下のように国税局長が定める「固定資産税評価額に乗ずる倍率」が明示されている場合がある。

〇平成27年分東京国税局管内財産評価基準書評価倍率表（ゴルフ場用地等用）

音順	ゴルフ場用地等の名称	固定資産税評価額に乗ずる倍率
た	多摩カントリークラブ	2.4 倍
よ	よみうりランド（遊園地）	3.7

この場合、当該雑種地の評価は、雑種地の固定資産税評価額にその倍率を乗じて計算した金額によって評価する。

20　谷口前掲注3書377頁。

【事例１】　市街化区域内にある雑種地の評価

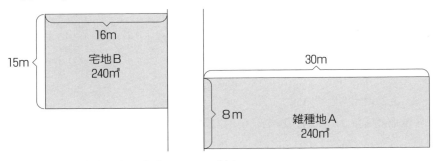

- 宅地Ｂの固定資産税評価額：24,000千円
- 評価倍率：1.3倍
- 雑種地を宅地に転換する場合の造成費：4,500円／㎡
- 宅地Ｂは標準地であり，評価上において補正すべき事項はない

　市街化区域内に所在する雑種地については，基本的に宅地の価額を基とした宅地比準方式により評価することとなるが，その雑種地と付近の宅地（比準宅地）との形状による条件の較差がある場合には，路線価地域の普通住宅地区の画地調整率を参考にして評価することとなる[21]。

　雑種地Ａの１㎡当たりの評価額 $= \dfrac{24,000千円 \times 1.3}{240㎡} \times 0.98$（奥行価格補正率・普通住宅地区）－4,500円（宅地造成費）＝122,900円

　評価対象地の評価額＝122,900円×240㎡（地積）＝29,496,000円

【事例２】　市街化区域内の広大な雑種地の評価

　路線価地域に所在する以下の雑種地（駐車場として利用）は，財産評価基本通達24－４に定める広大地の要件をすべて満たしている。

21　谷口前掲注３書380頁注２参照。

- 1㎡当たりの宅地造成費：4,000円

　財産評価基本通達によれば，雑種地の原則的な評価方法は「近傍地比準価額方式」であるとされている（評基通82）。そのため，当該雑種地の評価は，類似する付近の土地について財産評価基本通達の定めるところにより評価した価額を基礎に評価することとなる。

　本件の場合は，評価対象地の近傍比準地は宅地であると考えられ，また，財産評価基本通達24－4に定める広大地の要件をすべて満たしていることから，広大地補正率を適用して評価することになると考えられる。

＜広大地補正率＞

$0.6 - 0.05 \times \dfrac{2,730㎡}{1,000㎡} = 0.4635$ （端数処理不要）

＜広大地補正率を適用した場合の評価額＞

評価額＝100,000円×0.4635×2,730㎡（地積）＝126,535,500円…ア

＜通常の宅地比準方式を適用した場合の評価額＞

1㎡当たりの評価額＝100,000円×0.92（奥行価格補正率）＝92,000円

評価額＝（92,000円－4,000円（1㎡当たりの造成費））×2,730㎡（地積）
　　　＝240,240,000円…イ

ア＜イ　∴126,535,500円

(4) ゴルフ場用地の評価

　財産評価基本通達によれば，雑種地のうちゴルフ場の用に供されている土地

は，以下の区分に従い評価することとされている（評基通83）。

① **市街化区域及びそれに近接する地域**

宅地比準方式で評価する。ここでいう「宅地比準方式」とは，以下の算式で示される方法となる。

| 宅地比準方式による評価額 | ＝ | 宅地であるとした場合の1㎡当たりの価額 | × | 地積×60％ | － | ゴルフ場用地に係る1㎡当たりの宅地転用時の造成費 |

上記算式中の「宅地であるとした場合の1㎡当たりの価額」は，路線価地域の場合，そのゴルフ場用地の周囲に付されている路線価をそのゴルフ場用地に接する距離によって加重平均した金額によるのが一般的[22]であり，また，倍率地域の場合は，そのゴルフ場用地の1㎡当たりの固定資産税評価額に倍率を乗じて計算した金額によるのが一般的である（評基通83(1)（注））。

また，上記算式中「宅地であるとした場合の1㎡当たりの価額」に60％を乗じるのは，ゴルフ場用地を宅地に造成するとした場合に，通常必要とされる公共施設用地等の面積に相当する部分（40％と仮定）を除去し，可処分面積に相当する面積で評価するようにしたためであると解されている[23]。

【事例】宅地比準方式による場合

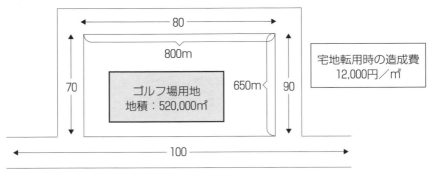

22　通達上は「できる」規定となっている。
23　谷口前掲注3書384頁参照。

13 雑種地の評価

<1㎡当たりの価額>

$$\frac{100千円 \times 800m + 80千円 \times 800m + 70千円 \times 650m + 90千円 \times 650m}{800m + 800m + 650m + 650m} \fallingdotseq 85,517円$$

<評価対象地の評価額>

評価額 = 85,517円 × 520,000㎡ × 60% − 12,000円 × 520,000㎡
　　　= <u>204億4,130万4,000円</u>

② ①以外の地域

そのゴルフ場用地の固定資産税評価額に，一定の地域ごとに精通者意見価格等を基として国税局長の定める倍率を乗じて計算した金額により評価する（倍率方式）。

上記①・②のいずれによって評価するかについては，「財産評価基準書」に記載がある。②の倍率方式に該当する地域等の事例は以下のとおりである。

○倍率方式により評価するゴルフ場用地の例

50音順	適用地域等			固定資産税評価額に乗ずる倍率
あ	愛川町	ゴルフ場用地		0.9倍
	厚木市	ゴルフ場用地	厚木国際カントリー倶楽部	1.2
			大厚木カントリークラブ	1.2
			本厚木カントリークラブ	1.1
			上記以外	1.1
	綾瀬市	ゴルフ場用地		0.8
い	伊勢原市	ゴルフ場用地		0.7
お	大磯町	ゴルフ場用地		1
	小田原市	ゴルフ場用地		0.5
か	鎌倉市	ゴルフ場用地		0.9

き	清川村	ゴルフ場用地		0.7
さ	相模原市緑区	ゴルフ場用地	神奈川カントリークラブ	0.8
			相模湖カントリークラブ	0.8
			相模野カントリークラブ	1.2
			大相模カントリークラブ	1.2
			津久井湖ゴルフ倶楽部	1.0

(出典) 東京国税局・神奈川県・平成27年分財産評価基準書より。

(5) ミニゴルフ場用地の評価

(4)の評価方法の対象となる「ゴルフ場用地」は，原則として，ホール数が18ホール以上，コースの総延長をホール数で除した数値（ホールの平均距離）が100m以上，かつ総面積が10万㎡以上のもの，及び，ホール数が9以上18未満で，かつホールの平均距離が概ね150m以上のものを指すとされている。そのため，当該要件に該当しないゴルフ場用地（ミニゴルフ場用地）は，(4)の評価方法によらないこととなる。

このような「ミニゴルフ場用地」の評価方法は，雑種地の評価の原則に立ち返り，(3)で示した「近傍地比準価額方式」又は「倍率方式」のいずれかによって評価することとなる。

14 賃借権の目的となっている雑種地及び権利の評価

(1) 賃借権の評価

財産評価基本通達によれば，雑種地に係る賃借権の価額は，原則として，その賃借権の内容，利用の状況（堅固な構築物の建築目的か，資材置き場目的かなど）等を勘案して評定した価額によって評価することとされている（評基通87）。

ただし実務上，評価の統一性，簡便性への配慮により，以下の二類型に区分して評価することができるものとされている（評基通87但書）。

① 地上権に準ずる権利として評価することが相当と認められる賃借権

具体的には，賃借権の登記がされているもの，設定の対価として権利金その他の一時金の授受があるもの，堅固な構築物の所有を目的とするもの等については，その雑種地の自用地としての価額に，その賃借権の残存期間に応じその賃借権が地上権であるとした場合に適用される相続税法第23条（地上権及び永小作権の評価）に規定する割合（法定地上権割合），又は，その賃借権が借地権であるとした場合に適用される借地権割合のいずれか低い割合を乗じて計算した金額によって評価する。

これを算式で示すと以下のとおりとなる。

A：雑種地の自用地としての価額×残存期間に応じた法定地上権割合
B：雑種地の自用地としての価額×賃借権が借地権とした場合に適用される借地権割合

いずれか低い価額

② 上記①に掲げる賃借権以外の賃借権

上記①に掲げる賃借権以外の賃借権は，その雑種地の自用地としての価額に，その賃借権の残存期間に応じその賃借権が地上権であるとした場合に適用される法定地上権割合の2分の1に相当する割合を乗じて計算した金額によって評価する。これを算式で示すと以下のとおりとなる。

$$雑種地の自用地としての価額 \times 残存期間に応じた法定地上権割合 \times \frac{1}{2}$$

②において2分の1を乗じるのは，①の評価方法との価額の均衡を考慮してのものとされる[24]。

---

[24] 谷口前掲注3書392頁。

(2) 賃借権の目的となっている雑種地の評価

　財産評価基本通達によれば，賃借権の目的となっている雑種地は，その賃借権の態様に応じて，以下の区分に基づき評価することとされている（評基通86(1)）。

① 地上権に準ずる権利として評価することが相当と認められる賃借権の目的となっている雑種地

```
A：雑種地の自用地と  _ 上記（1）（②を除く）により計算した　 ｜
　　しての価額　　　　賃借権の価額　　　　　　　　　　　　　　｜
　　　　　　　　　　　　　　　　　　　　　　　　　　　　　　　｜ いずれか
B：雑種地の自用地と _ 雑種地の自用地と × 残存期間に応ずる　　｜ 低い価額
　　しての価額　　　　しての価額　　　　　下記の表の割合　　　｜
　　　　　　　　　　　　　　　　　　　　残存期間に応ずる　　　｜
　　＝雑種地の自用地としての価額×（1 －　下記の表の割合　）　｜
```

残存期間	割　合
5年以下のもの	100分の5
5年超10年以下のもの	100分の10
10年超15年以下のもの	100分の15
15年超のもの	100分の20

② 上記①に掲げる賃借権以外の賃借権の目的となっている雑種地

```
A：雑種地の自用地と _ 上記（1）（①を除く）により計算した　　｜
　　しての価額　　　　賃借権の価額　　　　　　　　　　　　　　｜
　　　　　　　　　　　　　　　　　　　　　　　　　　　　　　　｜ いずれか
B：雑種地の自用地と _ 雑種地の自用地と × 残存期間に応ずる　　｜ 低い価額
　　しての価額　　　　しての価額　　　　　下記の表の割合　　　｜
　　　　　　　　　　　　　　　　　　　　残存期間に応ずる　　　｜
　　＝雑種地の自用地としての価額×（1 －　下記の表の割合　）　｜
```

14 賃借権の目的となっている雑種地及び権利の評価

残存期間	割合
5年以下のもの	100分の2.5
5年超10年以下のもの	100分の5
10年超15年以下のもの	100分の7.5
15年超のもの	100分の10

【事例1】駐車場・資材置場として利用されている雑種地の評価

Aは保有する雑種地BをC社（Aが主宰する同族会社）に賃貸借しており、C社はその土地を自らの費用負担によりアスファルト舗装して、駐車場及び資材置場として利用している。

- 課税時期から賃貸借終了までの残存期間：1年4か月
- 賃貸借が借地権であるとした場合の借地権割合：70%
- B土地の自用地としての評価額：45,000,000円

評価対象地はアスファルト舗装の上、駐車場・資材置場として利用されている雑種地であり、地上権に準ずる権利として評価することが相当と認められる賃借権の目的となっている雑種地とはいえないため、「② 上記①に掲げる賃借権以外の賃借権の目的となっている雑種地」として評価することとなる。

＜雑種地の賃借権＞

雑種地の賃借権の評価額＝45,000,000円×5％（相法23に規定する地上権の割合）×$\frac{1}{2}$

＝1,125,000円

＜賃借権の目的となっている雑種地の評価＞

45,000,000円－1,125,000円（賃借権の評価額）＝43,875,000円…ア

45,000,000円×（1－2.5％）＝43,875,000円…イ

ア＝イ　∴43,875,000円

【事例2】市民緑地として貸し付けている雑種地の評価

Dは所有する雑種地を地元の市に対して都市緑地法に規定する市民緑地（都市緑地法55）として貸し付けている。当該雑種地の自用地としての評価額は

20,000,000円である。この場合，当該雑種地の相続税・贈与税における評価額はどのようになるのか。

これについては，国税庁が平成14年7月4日付で発遣した「資産税関係質疑応答事例について（情報）」で市民緑地契約が締結されている土地の評価方法を示している。それによれば，市民緑地の用地として貸し付けられている土地の価額は，以下の算式により評価することとなる。

$$\text{市民緑地の用地として貸し付けられている土地の評価額} = \left[\begin{array}{l}\text{評価対象であるその土地が市民緑地の}\\\text{用地として貸し付けられていないもの}\\\text{として財産評価基本通達の定めにより}\\\text{評価した価額（A）}\end{array}\right] - A \times \frac{20}{100}$$

ここでいう「市民緑地の用地として貸し付けられている土地」とは，以下のア～ウまでの3要件をすべて満たすものをいう。

ア．都市緑地法第55条第1項に規定する市民緑地であること
イ．土地所有者と地方公共団体又は緑地管理機構との市民緑地契約に次の事項の定めがあること
　1）貸付期間が20年以上であること
　2）正当な事由がない限り貸付けを更新すること
　3）土地所有者は，貸付けの期間の中途において正当な理由がない限り土地の返還を求めることはできないこと
ウ．相続税又は贈与税の申告期限までに，その土地について権原を有することとなった相続人または受贈者全員からその土地を引き続き市民緑地の用地として貸し付けることに同意する旨の申告書が提出されていること

仮に本件雑種地が上記ア～ウまでの3要件をすべて満たした市民緑地である場合，その評価額は以下のとおりとなる。

$$\text{市民緑地として貸し付けている雑種地の評価額} = 20,000,000円 - 20,000,000円 \times \frac{20}{100} = \underline{16,000,000円}$$

15　家屋等の評価

(1) 家屋の意義

　家屋とは，一般に，家屋台帳法（昭和35年に廃止）に規定する家屋の範囲と同一であり，住宅，店舗，工場，倉庫その他の建物を指している。また，現行法では，固定資産税の課税客体としての「家屋」が不動産登記法に規定される「建物」と同じものと解されているが，これが財産評価基本通達にいう「家屋」と同趣旨と考えられるところである[25]。

(2) 家屋の評価単位

　家屋の評価単位は，原則として1棟の家屋ごととなる（評基通88）。

(3) 家屋の評価方法

　財産評価基本通達によれば，家屋の価額は，その家屋の固定資産税評価額に別表1に定める倍率を乗じて計算した金額により評価するものとされている（評基通89）。別表1は以下のとおりであり，家屋に乗じる倍率は1.0である。

○別表1　耕作権割合等一覧表

内　容	割合等
①　耕作権割合	100分の50
②　家屋の固定資産税評価額に乗ずる割合	1.0

　また，マンションのような区分所有に係る家屋については，その家屋全体の評価額を基とし，各所有部分の使用収益等の状況を勘案して[26]計算した各部分

---

[25] 谷口前掲注3書400～401頁参照。
[26] 高層・タワーマンションの時価は，一般に，眺望等の理由から高層階の方が高く，また，低層階

に対応する価額によって評価することとなる（評基通3）[27]。

【事例】贈与対象物の認定

親Aは子Bが購入するマイホームにつき，資金援助を行いたいと考えている。子が見つけてきたマンションの価格は5,000万円であり，その相続税評価額は家屋部分が2,000万円，敷地部分が1,000万円であった。購入代金は全額Aが負担し，最初にA名義で登記したものの，数週間後にBに所有権移転登記（贈与）を行った場合，AからBへの贈与額はいくらとなるのか。なお，物件の探索，購入・契約・登記手続はすべてBが行っており，Aはそれらを承認したのみである。

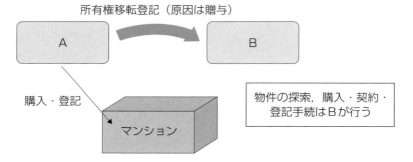

この場合，AはBに対しマンション購入資金5,000万円を贈与したのか，それともマンション（相続税評価額3,000万円）を贈与したのかが問題となる。本件の場合，購入物件の探索，購入・契約・登記手続はすべてBが主体的に行っており，資金提供者であるAはそれらを承認したのみである。このような場合には，法的には，AがBにマンション購入資金を贈与し，その資金でもってBがマンションを購入したと認定するのが妥当と考えられる。したがって，本件は，AがBに対しマンション購入資金5,000万円を贈与したものとして，

との乖離も小さくないことから，この考え方を適用して特に高層階の評価額を時価に近づけることが求められているとも考えられるが，現行実務上はそうなっていない。ただし，高層階と低層階との時価の差は，家屋部分から生じているというよりはむしろ，敷地部分から生じていると考えるべきかもしれない。この点については，拙著前掲注8書250～267頁参照。

27 谷口前掲注3書404頁参照。

Bが贈与税の申告を行うべきと考えられる。

(4) 建築中の家屋の評価

　財産評価基本通達によれば，課税時期において現に建築中の家屋の価額は，その家屋の費用現価の100分の70に相当する価額により評価することとされている（評基通91）。

　ここでいう「費用現価」とは，課税時期までに投下された建築費用の額を，課税時期の価額に引き直した額の合計額を指し，また，その70％相当額を評価額とするのは，建築中の家屋は未だ完成途上であるという点に着目し，評価上の安全性を考慮したものであるとされる[28]。

【事例】相続財産に建築中の家屋がある場合の評価額
- 二世帯住宅（被相続人と相続人家族）の建物の工事請負金額：25,000,000円（税抜）
- 上記の消費税額：2,000,000円（税率8％）
- 課税時期における工事の進捗度合いは70％で，工事代金は進捗度合いに応じて支払われている

　上記のとおり，通達によれば，課税時期において現に建築中の家屋の価額は，その家屋の費用現価の100分の70に相当する価額により評価するが，この費用現価は，課税時期の価額に引き直した額の合計額をいうものとされている。本件評価対象の建物は，居住用家屋であり，課される消費税は仕入税額控除の対象とはならないと考えられる。したがって，建物工事代金に課される消費税相当額も費用現価に算入されるものと考えられる。

$$\begin{aligned} 建築中の家屋の評価額 &= (25,000,000円 + 2,000,000円) \times 70\%（工事進捗率） \\ &\quad \times 70\% \\ &= \underline{13,230,000円} \end{aligned}$$

28　谷口前掲注3書407頁。

(5) 建物附属設備等の評価

家屋には電気設備や給排水設備，門・塀，庭園設備など，家屋に付属する設備があるが，これを一般に建物附属設備という。財産評価基本通達において，このような建物附属設備の評価は，以下の区分に従い行うこととされている（評基通92）。

① 家屋と構造上一体となっている設備

家屋の所有者が有する電気設備，ガス設備，衛生設備，給排水設備，温湿度調整設備，消火設備，避雷針設備，昇降設備，塵芥（じんかい）処理設備等で，その家屋に取り付けられ，その家屋と構造上一体となっているものについては，その家屋の価額に含めて評価する。

家屋と構造上一体となっている設備を家屋の価額に含めて評価するのは，固定資産税における評価において，当該設備は「建築設備」として家屋に含めて評価し，別個に取り出して評価しないためである（昭和38年12月25日自治省告示第158号「固定資産評価基準」第2章第1節七参照）。

② 門・塀等の設備

門，塀，外井戸，屋外塵芥処理設備等の附属設備の価額は，その附属設備の再建築価額から，建築の時から課税時期までの期間の定率法による償却費の額の合計額又は減価の額を控除した金額の100分の70に相当する金額により評価する。これを算式で示すと以下のとおりとなる。

$$\text{門・塀等の設備の価額} = \left[\text{当該設備の再建築価額} - \text{建築の時から課税時期までの期間の償却費の額の合計額又は減価の額} \right] \times \frac{70}{100}$$

ここでいう「再建築価額」とは，課税時期においてその資産を新たに建築又は設備するために要する費用の額の合計をいう[29]。

③ 庭園設備

　庭木，庭石，四阿（あずまや），庭池等の庭園設備の価額は，その庭園設備の調達価額の100分の70に相当する金額により評価する。ここでいう「調達価額」とは，課税時期においてその財産をその財産の現況により取得する場合の価額をいう。そのため，例えば庭木や庭石については，それらの市場における売買価格（店頭販売価額）のみで評価するのではなく，庭園までの搬入費用や据付・植林費用をも含めた価額によることとなる[30]。

　なお，上記①と異なり，②・③について家屋と別個に評価するのは，門・塀等の設備や庭園設備が固定資産税における評点数の基礎に含まれていないためである。

16　海外に所在する土地・家屋の評価

(1)　国外財産に対する課税の重要性

　従来，わが国の相続税制は海外に所在する財産を積極的に課税財産として取り込もうという状況にはなく，その執行体制も国内志向が非常に強かった。その一方で，バブル経済末期あたりから一部の富裕層の間で非居住者を利用した国際的な相続税・贈与税の租税回避スキームが少しずつ浸透していった。それを世に知らしめた事件が，オランダ法人の株式を香港在住の息子に贈与したときの受贈者である息子の住所地が争われた「武富士事件（最高裁平成23年2月18日判決・判タ1345号115頁）」である。

　このような状況に課税庁も重い腰を上げ，まず平成12年度の税制改正で，非居住者であっても日本国籍を有し，かつ，財産の取得者（受贈者）又は贈与者が贈与前5年以内に日本国内に住所を有していた場合には，全世界の財産に対

29　谷口前掲注3書410頁。
30　谷口前掲注3書411頁。

して贈与税が課されることとなった[31]（相法1の4，相続税にも同様の規定あり，相法1の3）。さらに，平成25年度の税制改正で，贈与者が居住者であれば，日本国籍のない者に国外財産を贈与した場合も贈与税が課されるようになった（相法1の4①二ロ，相続税にも同様の規定あり，相法1の3①二ロ）。

また，平成24年度の税制改正で，国外財産調書制度が導入されている。これは，個人による国際的な租税回避スキームに対抗するため，課税庁が個人の保有する国外財産の状況に関する基礎資料を収集するための措置である。具体的には，その年の12月31日においてその価額の合計額が5,000万円を超える国外財産を保有する居住者（非永住者を除く）については，翌年の3月15日（確定申告期限）までに当該国外財産の種類，数量及び価額等を記載した「国外財産調書」を所轄税務署長に提出するというものである（国外送金等調書法5①）。

さらに，従来，その年分の各種所得金額の合計額が2,000万円を超える場合，「財産債務の明細書」の提出が必要だったが，国外財産調書制度の導入により，当該明細書に国外財産の記載は不要となった（国外送金等調書法5②）。なお，平成27年度の税制改正で財産債務の明細書」は「財産債務調書」となり，新たに導入される出国税（国外転出をする場合の譲渡所得等の特例）に対応した記載事項が追加されている。

(2) 国外財産の意義

国外財産調書制度における国外財産とは，国外にある財産であり（国外送金等調書法2七），財産が国外にあるかどうかは，基本的には相続税法第10条の規定によることとされている（国外送金等調書法5③，同令10①）。不動産及び不動産の上に存する権利の場合，不動産の所在地が国外にあるか否かにより判定することとなる（相法10①一）。

---

31 上記武富士事件は，当該改正前の規定に基づく事案であったため，非居住者であれば国外財産については贈与税が課税されなかった。

(3) 国外財産調書制度における加算税の特例

　国外財産調書制度のユニークなところは，その提出促進のため加算税の特例が導入されているところである。すなわち，国外財産に係る所得税又は相続税の申告漏れ又は無申告について，提出された国外財産調書に当該国外財産の記載がある部分については，過少申告加算税又は無申告加算税を5％軽減し（国外送金等調書法6①），一方で国外財産に係る所得税の申告漏れ又は無申告について，その提出がないとき又は当該国外財産の記載がない（重要事項の記載が不十分な場合を含む）部分については，過少申告加算税又は無申告加算税を5％加重する（国外送金等調書法6②）というものである。これを表で示すと以下のとおりとなる。

○提出促進のため加算税の特例

区分	税目	加算税
国外財産調書に記載のあるもの	所得税 相続税	5％軽減
国外財産調書に記載のないもの，国外財産調書の不提出、提出内容の不備	所得税	5％加重

(4) 海外に所在する土地・家屋の評価の基本的な考え方

　国外財産調書制度において，国外にある財産の評価は，その年の12月31日における時価又は時価に準ずる見込価額であるとされている（国外送金等調書法5③）。この場合の「時価」とは何か，どのように評価するのかが問題となるわけであるが，財産評価基本通達によれば，海外にある財産についても，当該通達の定めに従って評価するものとされている（評基通5-2）。

　なお，財産評価基本通達の定めによって評価することができない財産については，当該通達の定める評価方法に準じて，又は売買実例価額，精通者意見価格等を参酌して評価するものとされている（評基通5-2）。

上記は平成12年度の税制改正前の相続税法を前提にした規定であるが，平成12年度の税制改正により海外にある財産の評価事案が増加すると見込まれることを踏まえ，財産評価基本通達が改正され，以下の規定が新たに加えられた。すなわち，当該通達の定めによって評価することができない財産については，課税上弊害がない限り，その財産の取得価額を基にその財産が所在する地域・国におけるその財産と同一種類の財産の一般的な価格動向に基づき時点修正して求めた価額，又は，課税時期後にその財産を譲渡した場合における譲渡価額を基に課税時期現在の価額として算出した価額によって評価するという規定が追加された（評基通5－2（注））。

ここでいう「課税上弊害がある」とは，その価額が適正な時価とは認められないような，例えば以下のケースが想定される[32]。

① 財産を親族から低額で譲り受けた場合
② 債務の返済等のため売り急ぎがあった場合

(5) 海外に所在する土地の評価の実際

海外に所在する土地は，原則として，売買実例価額，地価の公示制度に基づく価格及び鑑定評価等を参酌して評価するとされている[33]。例えば，韓国においては，不動産価格公示及び鑑定評価に関する法律が定められ，標準地公示価格が公示されていることから[34]，韓国に所在する土地については，当該標準地公示価格を参酌して評価することとなるであろう。ドイツにおいても不動産所有価格（Grundbeitzwert）が公表されているため，同様である。しかし実際には，そのような情報を得ることは困難であるケースがほとんど考えられるため，実務的には，現地の不動産鑑定士による鑑定評価を入手してそれに基づき評価するという方法を採るのが通常と考えられる。

また，海外に相続財産である土地が所在する場合で，その国において相続税

---

[32] 谷口前掲注3書26頁。
[33] 谷口前掲注3書26頁。
[34] 国税庁質疑応答事例「国外財産の評価－土地の場合」（注）2参照。

に相当する税が課されたときに，その税の課税価格の計算の基となった当該土地の価額により当該土地を評価することが可能かどうかについても，ケースバイケースとなる。すなわち，その国の租税の計算の基礎となった土地の価額が鑑定評価に基づいたものである場合などで，課税時期における時価として合理的に算定された価額であれば，その価額によって評価することは問題ないものと考えられる。一方，国外財産である土地に外国で相続税又は贈与税に相当する税が課されたとしても，その税の計算の基となった価額については，例えば，その価額が租税特別措置法第69条の4（小規模宅地の課税の特例）のような課税上の特例を適用した後のものである場合もあることから，全ての場合において相続税法第22条に定める「時価」として相当であるとまではいえない[35]。

なお，課税上弊害がない限り，その土地の取得価額又は譲渡価額に，その土地が所在する地域・国におけるその土地の一般的な価格動向に基づき時点修正するため価額変動率を乗じて求めた価額により評価することができる。この場合の合理的な価額変動率は，公表されている諸外国における不動産に関する統計指標等を参考に求めることとなるだろう[36]。

(6) 邦貨換算

土地家屋を含む，海外にある財産の邦貨換算は，原則として，納税義務者の取引金融機関が公表する課税時期における最終の為替相場（対顧客直物電信買相場，TTB）による（評基通4-3）。

---

35 国税庁質疑応答事例「国外財産の評価－国外で相続税に相当する税が課せられた場合」参照。
36 谷口前掲注3書26頁。

第3章

不動産減額評価のための手法

1 間口狭小宅地の評価

(1) 間口狭小補正

　宅地の評価においては，その宅地が路線に接する部分，すなわち間口の距離が大きく価額に影響する要因となり得る。そのため，間口が狭小な宅地については，標準的な画地を基準に付されている路線価について，利用効率が低下している程度に応じて一定の減額調整を行う必要があるが，これが「間口狭小補正率」である（評基通20－3(1)）。

　間口が狭小な宅地に関し，通達に基づく評価法（不整形地及び無道路地を除く）の算式を示すと以下のようになる。

○間口が狭小な宅地の評価法

（正面路線価 × 奥行価格補正率 × 間口狭小補正率）× 地積

　また，間口狭小補正率表（付表6）は以下のとおりである。

○間口狭小補正率表（平成19年1月1日以降用）

地区区分 間口距離 (メートル)	ビル街地区	高度商業地区	繁華街地区	普通商業・併用住宅地区	普通住宅地区	中小工場地区	大工場地区
4未満	－	0.85	0.90	0.90	0.90	0.80	0.80
4以上6未満	－	0.94	1.00	0.97	0.94	0.85	0.85

6 〃	8 〃	—	0.97			0.97	0.90	0.90
8 〃	10 〃	0.95					0.95	0.95
10 〃	16 〃	0.97		1.00	1.00			0.97
16 〃	22 〃	0.98	1.00			1.00		0.98
22 〃	28 〃	0.99					1.00	0.99
28 〃		1.00						1.00

 なお，間口が狭小な宅地であっても，地積が大きいもの等である場合には，間口が狭小であることのデメリットが減殺されることがあるため，近傍の宅地の価額との均衡を考慮し，上記間口狭小補正率表に定める補正率を適宜修正することができるとされている（評基通20－3）。

【事例】

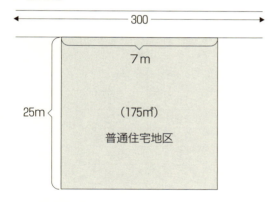

＜評価対象地の評価額＞

300,000円×0.99（奥行価格補正率）×0.97（間口狭小補正率）×175㎡
＝<u>50,415,750円</u>

(2) **奥行長大補正**

 奥行のある宅地の評価は，原則として奥行価格補正率（前述第2章①(4)参照）により調整計算することとされているが，評価対象となる宅地の奥行が間口に比して著しく長大である場合には，奥行価格補正率だけでは十分な補正が

なされないこととなる。そこで通達では，このような宅地の評価に際しては，奥行価格補正に加え，さらに奥行長大補正を行うこととされている（「奥行長大補正率」，評基通20－3(2)）。

奥行が長大な宅地に関し，通達に基づく評価法（不整形地及び無道路地を除く）の算式を示すと以下のようになる。

○奥行が長大な宅地の評価法

（正面路線価×奥行価格補正率×奥行長大補正率）×地積

また，奥行長大補正率表（付表7）は以下のとおりである。

○奥行長大補正率表

地区区分 奥行距離 間口距離	ビル街地区	高度商業地区 繁華街地区 普通商業・併用住宅地区	普通住宅地区	中小工場地区	大工場地区
2以上3未満		1.00	0.98	1.00	
3 〃 4 〃		0.99	0.96	0.99	
4 〃 5 〃		0.98	0.94	0.98	
5 〃 6 〃	1.00	0.96	0.92	0.96	1.00
6 〃 7 〃		0.94		0.94	
7 〃 8 〃		0.92	0.90	0.92	
8 〃		0.90		0.90	

なお，間口が狭小な宅地と同様に奥行が長大な宅地についても，地積が大きいもの等である場合には，奥行が長大であることのデメリットが減殺されることがあるため，近傍の宅地の価額との均衡を考慮し，上記奥行長大補正率表に定める補正率を適宜修正することができるとされている（評基通20－3）。

【事例】

＜奥行長大補正率の算定＞

$\dfrac{35\text{m}}{8\text{m}} = 4.75 \Rightarrow 0.94$（普通住宅地区・奥行長大補正率）

＜評価対象地の評価額＞

360,000円×0.96（奥行価格補正率）×1.00（間口狭小補正率）×0.94（奥行長大補正率）×280㎡＝<u>90,961,920円</u>

2　不整形地の評価

(1)　不整形地とは

　整形地（概ね長方形の形状である画地）と比較して，不整形地（三角地を含む）はその形状等から陰地（かげち）が生じるなどして画地の全部を有効利用できないことが想定されるため，その利用価値はやや劣るものと考えられる。そのため通達では，不整形地については，その土地が整形地であるものとして評価した価額から，その不整形の程度，位置及び地積の大小に応じて計算される陰地の割合に基づき定められた補正率（不整形地補正率）を適用して補正した価額で評価することとされている（評基通20）。

不整形地の評価においては、陰地割合が重要な要素となるが、その求め方は以下の算式によることとなる（評基通20注(2)）。

$$陰地割合 = \frac{想定整形地の地積 - 評価対象地の地積}{想定整形地の地積}$$

また、不整形地補正率の算定基礎となる地積区分表（付表4）及び不整形地補正率表（付表5）は以下のとおりである。

○地積区分表（平成19年1月1日以降適用）

地区区分 \ 地積区分	A	B	C
高度商業地区	1,000㎡未満	1,000㎡以上 1,500㎡未満	1,500㎡以上
繁華街地区	450㎡未満	450㎡以上 700㎡未満	700㎡以上
普通商業・併用住宅地区	650㎡未満	650㎡以上 1,000㎡未満	1,000㎡以上
普通住宅地区	500㎡未満	500㎡以上 750㎡未満	750㎡以上
中小工場地区	3,500㎡未満	3,500㎡以上 5,000㎡未満	5,000㎡以上

なお、上表の適用に関しては、地積区分の地積は「評価対象地」の地積を指す。例えば、評価対象地が普通住宅地区に存する地積810㎡の不整形地である場合、地積区分は「C」となる。

○不整形地補正率表(平成19年1月1日以降適用)

地区区分	高度商業地区,繁華街地区,普通商業・併用住宅地区,中小工場地区			普通住宅地区		
地積区分 かげ地割合	A	B	C	A	B	C
10％以上	0.99	0.99	1.00	0.98	0.99	0.99
15％ 〃	0.98	0.99	0.99	0.96	0.98	0.99
20％ 〃	0.97	0.98	0.99	0.94	0.97	0.98
25％ 〃	0.96	0.98	0.99	0.92	0.95	0.97
30％ 〃	0.94	0.97	0.98	0.90	0.93	0.96
35％ 〃	0.92	0.95	0.98	0.88	0.91	0.94
40％ 〃	0.90	0.93	0.97	0.85	0.88	0.92
45％ 〃	0.87	0.91	0.95	0.82	0.85	0.90
50％ 〃	0.84	0.89	0.93	0.79	0.82	0.87
55％ 〃	0.80	0.87	0.90	0.75	0.78	0.83
60％ 〃	0.76	0.84	0.86	0.70	0.73	0.78
65％ 〃	0.70	0.75	0.80	0.60	0.65	0.70

具体的な評価方法は,以下の(2)～(5)のいずれかの方法によることとなる。

(2) 不整形地分割法

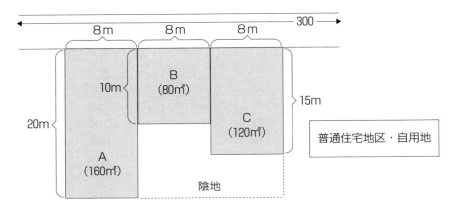

不整形地をいくつかの整形地に分割し,それぞれの評価額の総和を不整形地の評価額とする方法である。

＜分割後の整形地の評価額＞

Aの評価額＝300,000円×1.00（奥行価格補正率）×160㎡＝48,000,000円
Bの評価額＝300,000円×1.00（奥行価格補正率）×80㎡＝24,000,000円
Cの評価額＝300,000円×1.00（奥行価格補正率）×120㎡＝36,000,000円
A＋B＋C＝48,000,000円＋24,000,000円＋36,000,000円＝108,000,000円

＜不整形地補正率＞

$$陰地割合＝\frac{480㎡ - (160㎡ + 80㎡ + 120㎡)}{480㎡（想定整形地の地積）}＝25\%$$

不整形地補正率：0.92（地区区分A）

＜評価対象地の評価額＞

108,000,000円×0.92（不整形地補正率）＝<u>99,360,000円</u>

(3) 奥行距離平均法

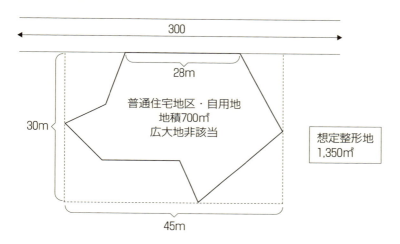

上記のような奥行価格が一様でない不整形地については、その宅地の地積を間口距離で除して求めた値を「計算上の奥行距離」として奥行価格補正率の適用を行う。

＜計算上の奥行距離に基づく正面路線価＞

700㎡÷28m（間口距離）＝25m

300,000円×0.99（奥行価格補正率）＝297,000円

＜不整形地補正率＞

$$\text{陰地割合} = \frac{1{,}350㎡ - 700㎡（評価対象地の地積）}{1{,}350㎡（想定整形地の地積）} ≒ 48.15\%$$

不整形地補正率：0.85（地区区分Ｂ）

＜評価対象地の評価額＞

297,000円×0.85（不整形地補正率）×700㎡＝<u>176,715,000円</u>

(4) 近似整形地基準評価法

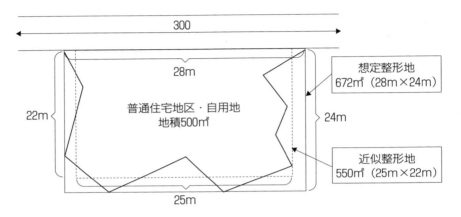

評価対象となる不整形地に近似する整形地（近似整形地）を設定し，それを基に評価する方法である。

＜近似整形地についての正面路線価＞

300,000円×1.00（奥行価格補正率）＝300,000円

＜不整形地補正率＞

$$陰地割合 = \frac{672㎡ - 500㎡（評価対象地の地積）}{672㎡（想定整形地の地積）} ≒ 25.60\%$$

不整形地補正率：0.95（地区区分Ｂ）

＜評価対象地の評価額＞

300,000円×0.95（不整形地補正率）×500㎡＝<u>142,500,000円</u>

(5) 近似整形地隣接整形地合成法

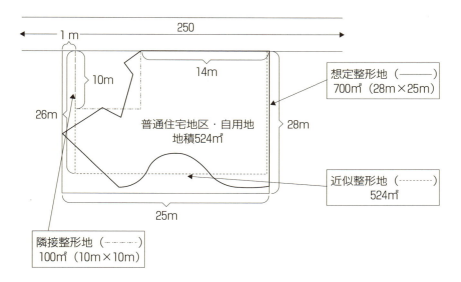

　「近似整形地隣接整形地合成法」においては，まず，評価対象地（不整形地）についての「近似整形地」を求める。次に隣接する整形地と当該近似整形地とを合わせて形成された整形地（合成整形地）の価額を計算する。さらに，合成整形地の価額から隣接する整形地の価額を控除し，その価額を基に不整形地の補正を行うことにより評価額を求めるものである。

＜近似整形地と隣接する整形地とを合わせて形成された整形地の奥行価格補正後の価額＞

250,000円×0.99（奥行価格補正率）×（524㎡＋100㎡）＝154,440,000円

＜隣接する整形地の奥行価格補正後の価額＞

250,000円×1.00（奥行価格補正率）×100㎡＝25,000,000円

＜近似整形地の奥行価格補正後の価額＞

154,440,000円－25,000,000円＝129,440,000円

129,440,000円÷524㎡＝247,023円…近似整形地の1㎡当たりの評価額

＜不整形地補正率＞

$$陰地割合 = \frac{700㎡ - 524㎡（評価対象地の地積）}{700㎡（想定整形地の地積）} ≒ 25.14\%$$

不整形地補正率：0.95（地区区分B）

＜評価対象地の評価額＞

247,023円×0.95（不整形地補正率）×524㎡＝122,968,049円

3 無道路地の評価

(1) 無道路地の意義

　道路に直接接していない土地（接道義務を満たしていないもの含む）のことを一般に無道路地という。民法上は，このような他の土地に囲まれて公道に通じない土地（かつては「囲繞地（いにょうち）」と称しており，現在は「袋地」ともいう）の所有者は，公道に出るためにその土地を囲んでいる他の土地を通行することができるとされている（民法210①）。

　建築基準法上，「接道義務」は原則として2mとされているが（建築基準法43①），地方公共団体が条例で更に厳しい条件を付加することもできる（同法43②）。例えば東京都では，東京都建築安全条例第3条で，原則として以下の接道義務を課している。

○東京都建築安全条例で規定される接道義務

	敷地の路地状部分の長さ	
	20m以下	20m超
一般の建築物	2m	3m
耐火建築物及び準耐火建築物以外の建築物で延べ面積が200㎡を超えるもの	3m	4m

通達上は，このような無道路地の価額は，実際に利用している路線の路線価に基づいて，不整形地の評価に係る通達（評基通20）の定めによって計算した価額から，利用に制限がかかる無道路地であることを斟酌して，その価額の40％の範囲内において相当と認められる金額を控除した価額により評価するものとされている（評基通20－2）。

通達に定められた無道路地の評価ステップを示すと以下のとおりとなる。

○**無道路地の評価ステップ**

```
┌─────────────────────────────────────┐
│  無道路地と陰地を合わせた想定整形地の評価  │
└─────────────────────────────────────┘
                 ▼
┌─────────────────────────────────────┐
│       不整形地補正後の価額の算定        │
└─────────────────────────────────────┘
                 ▼
┌─────────────────────────────────────┐
│     無道路地としての斟酌（評価減）      │
└─────────────────────────────────────┘
                 ▼
┌─────────────────────────────────────┐
│     評価対象地（無道路地）の評価       │
└─────────────────────────────────────┘
```

(2) 無道路地の具体的評価方法

【事例１】無道路地の場合（接道義務２ｍ）

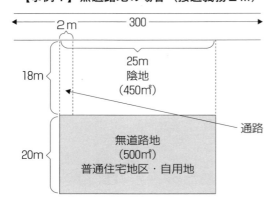

＜無道路地と陰地とを合わせた想定整形地の評価＞

想定整形地の価額＝300,000円×0.94（奥行価格補正率）×（450㎡＋500㎡）

$\qquad$ ＝267,900,000円

陰地部分の価額＝300,000円×1.00（奥行価格補正率）×450㎡

$\qquad$ ＝135,000,000円

無道路地の奥行価格補正後の価額＝267,900,000円－135,000,000円

$\qquad$ ＝132,900,000円

＜不整形地補正後の価額＞

$$\text{陰地割合} = \frac{950㎡ - 500㎡}{950㎡} ≒ 47.37\%$$

不整形地補正率＝0.85（普通住宅地区，地積区分Ｂ）

ア．不整形地補正率と間口狭小補正率を適用する方法

　0.85（不整形地補正率）×0.90（間口距離２ｍで判定）

　＝0.765 ⇒ 0.76（小数点以下２位未満切捨て）

ロ．間口狭小補正率と奥行長大補正率を適用する方法

0.90（間口狭小補正率）×0.90（奥行長大補正率，間口距離2m・奥行距離38mで判定）＝0.81

ア＜イ　∴ア＝0.76

不整形地補正後の価額＝132,900,000円×0.76（不整形地補正率）

＝101,004,000円

＜無道路地としての斟酌＞

通路部分の価額相当額＝300,000円×（2m×18m）＝10,800,000円…ウ

斟酌の限度額＝101,004,000円×40％（斟酌割合）＝40,401,600円…エ

ウ＜エ　∴ウ＝10,800,000円

＜評価対象地の評価額＞

101,004,000円−10,800,000円＝<u>90,204,000円</u>

【事例2】接道義務（2m）を満たさない宅地の評価

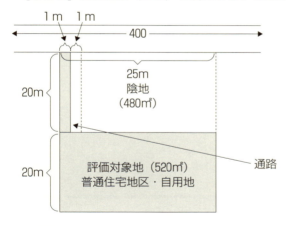

＜無道路地と陰地とを合わせた想定整形地の評価＞

想定整形地の価額＝400,000円×0.92（奥行価格補正率）×（480㎡＋520㎡）

＝368,000,000円

陰地部分の価額＝400,000円×1.00（奥行価格補正率）×480㎡

＝192,000,000円

無道路地の奥行価格補正後の価額 = 368,000,000円 − 192,000,000円
= 176,000,000円

＜不整形地補正後の価額＞

陰地割合 = $\dfrac{1,000㎡ - 520㎡}{1,000㎡}$ = 48％

不整形地補正率 = 0.85（普通住宅地区，地積区分Ｂ）

ア．不整形地補正率と間口狭小補正率を適用する方法
　0.85（不整形地補正率）×0.90（間口距離２mで判定）
　　= 0.765 ⇒ 0.76（小数点以下２位未満切捨て）

イ．間口狭小補正率と奥行長大補正率を適用する方法
　0.90（間口狭小補正率）×0.90（奥行長大補正率，間口距離２m・奥行距離38mで判定）= 0.81

　ア＜イ　∴ア = 0.76

不整形地補正後の価額 = 176,000,000円×0.76（不整形地補正率）
= 133,760,000円

＜無道路地としての斟酌＞

通路部分の価額相当額 = 400,000円×（１m×20m）= 8,000,000円…ウ

斟酌の限度額 = 133,760,000円×40％（斟酌割合）= 53,504,000円…エ

ウ＜エ　∴ウ = 8,000,000円

＜評価対象地の評価額＞

133,760,000円 − 8,000,000円 = <u>125,760,000円</u>

4　がけ地等を有する宅地の評価

(1)　がけ地等の意義

　丘陵地などを造成して宅地とした場合，その敷地の一部に通常の用途に供することができないがけ（崖）の部分が生じることがある。通達によれば，その

4 がけ地等を有する宅地の評価

ようながけ地の部分を有する宅地の評価については，当該がけ地の部分ががけ地ではないとした場合の価額に，その宅地の総面積に対するがけ地部分の地積の割合に応じて，「がけ地補正率」を乗じて計算した価額によることとされている（評基通20－4）。がけ地の評価方法を算式で示すと以下のとおりとなる。

> がけ地の評価額＝1㎡当たりの価額×がけ地補正率×地積

また，がけ地補正率表（付表8）は以下のとおりで，方位によって補正割合が異なるところが大きな特徴である。なお，がけ地の方位は斜面の向きによる（評基通20－4（注）1）。

○がけ地補正率表（平成11年1月1日以降）

がけ地地積／総地積	南	東	西	北
0.10 以上	0.96	0.95	0.94	0.93
0.20 〃	0.92	0.91	0.9	0.88
0.30 〃	0.88	0.87	0.86	0.83
0.40 〃	0.85	0.84	0.82	0.78
0.50 〃	0.82	0.81	0.78	0.73
0.60 〃	0.79	0.77	0.74	0.68
0.70 〃	0.76	0.74	0.70	0.63
0.80 〃	0.73	0.70	0.66	0.58
0.90 〃	0.70	0.65	0.60	0.53

(2) がけ地の具体的評価方法

【事例1】

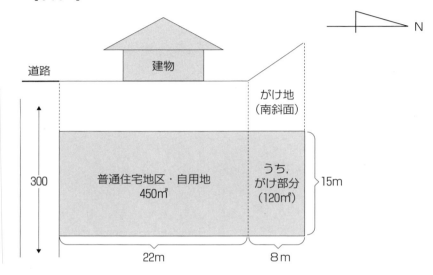

＜がけ地割合＞

がけ地割合＝120㎡（がけ地の地積）÷450㎡（総地積）

　　　　　＝0.2667 ⇒ 南斜面0.20以上であるためがけ地補正率は0.92

＜評価対象地の評価額＞

300,000円×0.98（奥行価格補正率）×0.92（がけ地補正率）×450㎡

＝<u>121,716,000円</u>

4 がけ地等を有する宅地の評価

【事例2】二方向に斜面を有する宅地の場合

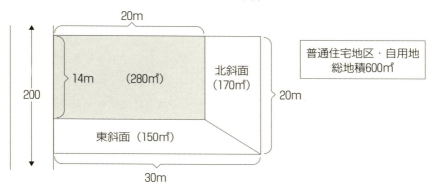

二方向以上のがけ地がある場合には、以下の算式により計算した割合をがけ地補正率とする。

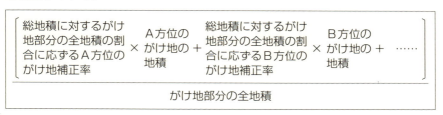

したがって、事例の宅地の評価は以下のとおり行う。

＜がけ地割合＞

$$がけ地割合 = \frac{170㎡（北斜面）+ 150㎡（東斜面）}{600㎡} = 53.33\%$$

＜傾斜方位別がけ地補正率＞

北斜面（0.50以上）：0.73、東斜面（0.50以上）：0.81

＜二方向の加重平均による調整後のがけ地補正率＞

$$調整後がけ地補正率 = \frac{0.73 \times 170㎡ + 0.81 \times 150㎡}{170㎡ + 150㎡} = 0.7675$$

＜評価対象地の評価額＞

200,000円 × 0.98（奥行価格補正率）× 0.7675（調整後がけ地補正率）× 600

㎡ = 90,258,000円

(3) がけ地と宅地造成費

　宅地の一部が斜面となっているため，その部分について土盛り等の工事により平坦にしてから販売することがよく見られる。この場合，斜面を平坦にする工事である宅地造成について費用を要するが，当該宅地造成費ががけ地の評価にどのように影響するのかが問題となる。

　宅地造成費は，例えば市街地農地の評価の場合，以下のとおり１㎡当たりの造成費を控除することとされている（評基通40）。

（その農地が宅地であるとした場合の１㎡当たりの価額－１㎡当たりの造成費）×地積

　上記算式の「１㎡当たりの造成費」とは，整地，土盛り又は土止めに要する費用の額をいい，その費用がおおむね同一と認められる地域ごとに，国税局長が具体的な金額を定めている。例えば，東京国税局では平成27年分の神奈川県について以下のように定めている。

○平坦地の宅地造成費

工事費目		造成区分	金額
整地費	整地費	整地を必要とする面積１㎡当たり	600円
	伐採・抜根費	伐採・抜根を必要とする面積１㎡当たり	600円
	地盤改良費	地盤改良を必要とする面積１㎡当たり	1,300円
土盛費		他から土砂を搬入して土盛りを必要とする場合の土盛り体積１㎡当たり	4,400円
土止費		土止めを必要とする場合の擁壁の面積１㎡当たり	50,500円

○傾斜地の宅地造成費

傾斜度	金額
3度超　5度以下	9,900円/㎡
5度超　10度以下	17,200円/㎡
10度超　15度以下	23,900円/㎡
15度超　20度以下	39,100円/㎡

　それでは，がけ地について上記「傾斜地の宅地造成費」を基にその費用を控除することができるかどうかであるが，一般に困難であると考えられる。なぜなら，通達上宅地造成費の控除が可能なのは市街地農地や市街地山林等の宅地以外の土地であり，宅地の一部が斜面となっている場合には，その適用がないからである。したがって，宅地の一部が斜面となっている「がけ地」の評価については，宅地造成費の控除を行うのではなく，がけ地補正率の適用を行うこととなる。

5　私道の評価

(1)　私道の意義とその評価

　私道とは一般に，複数の者の通行の用に供される私有地である宅地を指す。更に私道には，「通抜（とおりぬけ）私道」のように不特定多数の者の通行の用に供される公共的なものと，「袋小路」のようにもっぱら特定の者の通行の用に供される私的なものとがある。ここでいう「特定の者」にはその私道の所有者自身は含まれない。

　通達ではこのような私道のうち，後者に該当するもっぱら特定の者の通行の用に供される私的なものは，原則として宅地を自用地として評価した価額の100分の30に相当する価額で評価することとされている（3割評価，評基通24）。

　また通達では，前者のように不特定多数の者の通行の用に供される公共的なものについては，もはや私有物として勝手な処分ができるものではないことを

考慮して[1]，評価しない（ゼロ評価する）こととされている（ゼロ評価，評基通24）。

(2) 私道に面した宅地の評価

それでは，以下のような路線価が付されていないいわゆる「行止（ゆきどまり）私道」に面した宅地A及び当該私道の評価は，具体的にどのように行うのであろうか。

【事例】

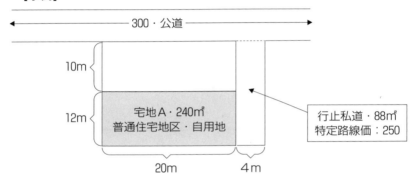

実務上は，まず当該「行止私道」に関し，宅地Aの評価の必要上路線価を設定してもらうため，所轄税務署に対し「特定路線価設定申出書（前掲第2章①(3)参照）」を提出するのが最初に行うべき手続となる。

仮に上記手続の結果，当該私道について特定路線価が250千円であるとされた場合，宅地A及び私道の評価は以下のとおりとなる。

＜宅地Aの評価＞

250,000円×1.00（奥行価格補正率）＝250,000円 ⇒ 自用地1㎡当たりの価額

自用地の評価額＝250,000円×240㎡＝<u>60,000,000円</u>

---

1 谷口裕之編『平成25年版財産評価基本通達逐条解説』（大蔵財務協会・平成25年）126頁。

<私道の評価>

$$250,000円 \times 88㎡ \times \frac{30}{100}$$

＝6,600,000円（奥行価格補正等の画地調整は行わない）

なお，仮に当該私道につき特定路線価の設定がない場合には，以下のとおり評価することとなる。

300,000円×1.00（奥行価格補正率）×0.94（間口狭小補正率）×0.92（奥行長大補正率）×88㎡（地積）× $\frac{30}{100}$ ＝6,849,216円

(3) 倍率地域に存する私道の評価

倍率地域に存する私道については，以下の方法で評価するものと考えられる。

① 固定資産税評価額が付されていない私道

固定資産税が非課税となるため，固定資産税評価額が付されていない私道の場合も，基本的に上記私道の評価方法が適用されるものと考えられる。すなわち，「行止私道」のようにもっぱら特定の者の通行の用に供される私的な道路については，当該私道が宅地であるとした場合の価額の100分の30に相当する価額で評価することとなる。

ここでいう「私道が宅地であるとした場合の価額」であるが，「固定資産評価証明書」の摘要欄に記載された「近傍宅地の平方メートル当たり価格」を用いるのが一般的と考えられる。これを踏まえた私道の評価は以下の算式で行うこととなる。

近傍宅地の固定資産税評価額（1㎡当たり）×私道の地積×宅地の評価倍率× $\frac{30}{100}$

② 固定資産税評価額が付されている私道

また，固定資産税評価額が付されている私道は，原則として以下のように宅

地を自用地として評価した価額の100分の30に相当する価額で評価することとなる。

$$固定資産税評価額 \times 宅地に適用する評価倍率 \times \frac{30}{100}$$

ただし，上記「固定資産税評価額」の算定の際に，既に私道であることについて評価上の斟酌をしている場合には，3割評価は行わない（上記算式の最後の30／100は乗じない）のが妥当と考えられる。

6 広大地の評価

(1) 広大地の意義

通達で規定される「広大地」とは，その地域における標準的な宅地の地積に比して著しく地積が広い宅地で，開発行為（都市計画法4⑫）を行うとした場合に道路や公園等の公共公益的施設用地の負担が生じるような宅地をいう，とされている（評基通24－4）。

広大地に関して重要なのは，単に地積が広いというだけでは不十分で，「開発行為を行う」ことが必要となる宅地であるということである。

また，ここでいう「公共公益的施設用地」とは，都市計画法第4条第14項に規定する道路，公園等の公共施設の用に供される土地，都市計画法施行令第27条に規定する教育施設，医療施設等の公益的施設の用に供される土地，その他これらに準ずる施設で，開発許可を受けるために必要とされる施設の用に供される土地等をいう，と解されている[2]。

なお，別途評価方法が定められている大規模工場用地（評基通22－2）に該

---

2 谷口前掲注1書136頁参照。

当するもの，及び，中高層の集合住宅等の敷地用地に適しているものは，「広大地」には該当しないものとされる（評基通24－4）。

(2) 広大地評価導入の意義

広大地の評価が通達に定められたのは，平成6年2月15日付の財産評価基本通達の一部改正によるものであった。そこでの取扱いは，まず開発想定図を作成し，そこから公共公益的施設用地部分の地積を除外した部分の地積を求め，その割合を以下のように「有効宅地化率」として算定する方法であった。その後平成12年6月13日付の財産評価基本通達の一部改正により改正され，評価方法がやや精緻化されるものの，「有効宅地化率」を算定するという方法そのものは維持された。

$$有効宅地化率 = \frac{広大地の地積 - 公共公益的施設用地となる部分の地積}{広大地の地積} \text{（小数点以下2位未満四捨五入）}$$

広大地の評価方法が現在のもの（後掲(3)参照）となったのは，平成16年6月4日付の財産評価基本通達の一部改正によるものであった。従前の評価方法が開発想定図の作成を前提としたやや専門的な方法であったのに対し，改正後の方法は，課税庁が収集した鑑定評価事例を基に回帰分析を行った結果求められた「広大地補正率」により画一的に評価額を算定するものとなった。

なお，「広大地」に該当するかどうかの面積基準は，概ね次頁の図のとおりとなっている。

○広大地評価の面積基準（イメージ）

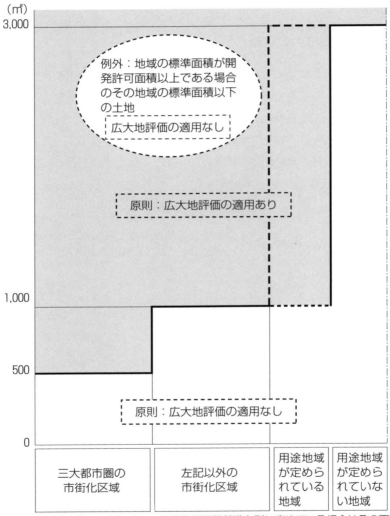

※ 都道府県等の条例により，開発許可面積基準を別に定めている場合はその面積による。

（出典） 平成17年6月17日付資産評価企画官情報第1号「広大地の判定に当たり留意すべき事項（情報）」（参考1）

(3) 広大地の評価方法

通達に基づく広大地の評価方法は，まずそれが路線価地域に存する場合について算式で示すと，以下のとおりとなる（評基通24－4(1)）。

$$広大地の価額＝正面路線価×広大地補正率×地積$$

上記算式中の「広大地補正率」は以下のとおり計算される。

$$広大地補正率＝0.6－0.05×\frac{地積}{1,000㎡}$$

(注) 1　広大地補正率は0.35が下限となる（評基通24－4（注）3）
　　 2　広大地補正率について端数処理は行わない[3]

上記（注1）のとおり広大地補正率は0.35が下限となるため，当該補正率の適用対象となる広大地の地積の上限は5,000㎡（$0.35＝0.6－0.05×\frac{5,000㎡}{1,000㎡}$）である。

また，その広大地が倍率地域に存する場合には，その広大地が標準的な間口距離及び奥行距離を有する宅地であるとした場合の1㎡当たりの価額を「路線価（評基通14）」として，上記広大地補正率を用いた方法により評価する（評基通24－4(2)）。

【事例】倍率地域内にある評価対象地に対する広大地の適用
- 評価対象地の固定資産税評価額：41,000,000円
- 宅地に対する評価倍率：1.1倍
- 評価対象地の地積：3,700㎡
- 近傍標準宅地の1㎡当たりの固定資産税評価額：12,000円

3　谷口前掲注1書137頁参照。

<広大地補正率の算定>

広大地補正率 = $0.6 - 0.05 \times \dfrac{3,700㎡}{1,000㎡} = 0.415$

<評価額>

広大地補正率を適用した場合の評価対象地の評価額 = 12,000円×1.1倍×0.415（広大地補正率）×3,700㎡（地積）= 20,268,600円…ア

広大地補正率を適用しない場合の評価対象地の評価額
= 41,000,000円×1.1倍 = 45,100,000円…イ

ア＜イ　∴評価額 = <u>20,268,600円</u>

　なお，広大地の評価の適用に際し，財産評価基本通達に定めのある他の補正率の適用がないことに留意すべきである。すなわち，評基通15〜20−5までの各種補正率と広大地補正率とは重複適用がないということである（評基通24−4⑴）。

(4) 広大地の評価事例

通達に基づく広大地の具体的な評価事例を見ていくと以下のようになる。

【事例1】

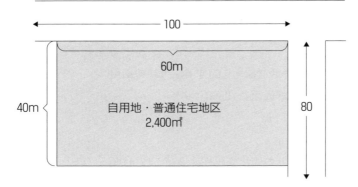

<通常の評価方法による場合>

100,000円×0.92（奥行価格補正率）= 92,000円

92,000円＋80,000円×0.86（奥行価格補正率）×0.03（側方路線影響加算率）
＝94,064円

94,064円×2,400㎡（地積）＝225,753,600円…ア

＜広大地補正率を適用した場合＞

広大地補正率＝$0.6 - 0.05 \times \dfrac{2,400㎡}{1,000㎡} = 0.48$

100,000円×0.48（広大地補正率）×2,400㎡（地積）＝115,200,000円…イ

ア＞イ　∴評価対象地の評価額＝115,200,000円

【事例2】 容積率による判定が必要なケース（自用地）

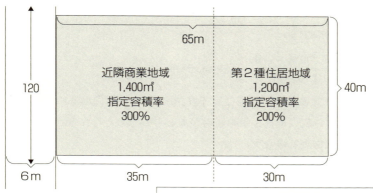

- 普通住宅地区（近隣商業地区の指定されている宅地部分についても商業施設はほとんどない）
- 付近の宅地の標準的な使用状況は1区間当たり130㎡程度の一戸建の敷地

　平成16年6月29日付資産評価企画官情報第2号「『財産評価基本通達の一部改正について』通達のあらましについて（情報）」によれば，広大地に該当しない条件として，「原則として容積率300％以上の地域に存在する土地」というものがある。そこで，本件の場合，評価対象地に適用される容積率を以下のとおり算定することが必要となる。

＜容積率による判定・近隣商業地域＞

指定容積率＝300％…ア

基準容積率＝6m（道路幅員）×$\dfrac{6}{10}$（非住居系）＝360％…イ

ア＜イ　∴300％

＜容積率による判定・第2種住居地域＞

指定容積率＝200％…ウ

基準容積率＝6m（道路幅員）×$\dfrac{4}{10}$（住居系）＝240％…エ

ウ＜エ　∴200％

＜加重平均後の容積率＞

$$\dfrac{300\% \times 1,400\text{m}^2 + 200\% \times 1,200\text{m}^2}{1,400\text{m}^2 + 1,200\text{m}^2} ≒ 253.85\%$$

したがって，評価対象地は「原則として容積率300％以上の地域に所在する土地」には該当せず，広大地補正率の適用があるものと考えられる。

＜通常の評価方法による場合＞

120,000円×0.85（奥行価格補正率）＝102,000円

容積率が異なる地域の宅地の減額割合　＝　$\left[1 - \dfrac{300\% \times 1,400\text{m}^2 + 200\% \times 1,200\text{m}^2}{300\% \times (1,400\text{m}^2 + 1,200\text{m}^2)} \right] \times 0.1$

＝0.01538⇒0.015（小数点以下3位未満四捨五入）

評価額＝102,000円×（1－0.015）×2,600㎡（地積）＝261,222,000円…オ

＜広大地補正率を適用した場合＞

広大地補正率＝0.6－0.05×$\dfrac{2,600\text{m}^2}{1,000\text{m}^2}$＝0.47

評価額＝120,000円×0.47（広大地補正率）×2,600㎡（地積）

　　　＝146,640,000円…カ

オ＞カ　∴評価対象地の評価額＝<u>146,640,000円</u>

【事例３】広大地補正率の適用がない事例

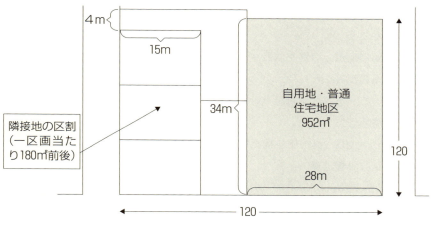

- 道路の幅員はいずれも６ｍ
- 本件宅地は地区計画区域に指定され，敷地面積は最低165㎡以上とされている
- 隣接地は路地状開発されている

　上記評価対象地については，隣接地の区割をみても明らかなように，路地状開発により当該地域における標準的な宅地の地積に分割することが可能である。そのため，当該評価土地は，公共公益的施設用地（道路）の負担が必要とは認められないことから，通達の定める広大地補正率の適用はないものと考えられる（国税不服審判所平成19年７月９日裁決・裁事74集342頁参照）。

　ところで，当該裁決事例においては，上記のような土地が広大地の評価減の適用対象とはならない路地状開発により戸建分譲を行うことが最も経済的に合理的である開発を行うべき土地に該当する根拠として，以下の四点を挙げている。

① 本件土地が，路地状開発により本件地域における標準的な宅地の地積に分割することが可能であること
② 本件分割図による路地状開発が，路地状部分の幅員を満たすなど都市計画

法等の法令などに反していないこと
③ 容積率及び建ぺい率の算定に当たって，路地状部分の地積もその基礎とされていること
④ 本件隣接地が，道路を開設することなく路地状開発されているという各事実が認められること

したがって，当該評価対象地の評価額は以下のとおりとなる。

＜正面路線価＞

120,000円×0.98（奥行価格補正率）＝117,600円

＜側方路線影響加算＞

117,600円＋120,000円×0.96（奥行価格補正率）×0.03（側方路線影響加算率）
＝121,056円

＜宅地造成費を加味した1㎡当たりの評価額＞

1㎡当たりの宅地造成費（整地費）を500円とする場合，評価対象地の1㎡当たりの評価額は以下のとおりとなる。

評価対象地の1㎡当たりの評価額＝121,056円－500円＝120,556円

＜評価額＞

評価額＝120,556円×952㎡（地積）＝<u>114,769,312円</u>

【事例4】 正面路線価の判定

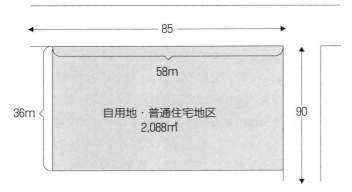

上記評価対象地は，通達上の「広大地」に該当するかどうか微妙な宅地であ

るとする。そのとき，広大地に該当する場合と該当しない場合とで以下のとおり正面路線価の判定方法が異なることに留意すべきである。

＜広大地に該当する場合＞

評価対象地が広大地に該当する場合で，その宅地に面する路線が2以上あるときは，原則としてそのうち最も高い路線（上記の場合90千円）を正面路線とする。

広大地補正率 $= 0.6 - 0.05 \times \dfrac{2,088 \text{m}^2}{1,000 \text{m}^2} = 0.4956$（端数処理不要）

90,000円（正面路線価）×0.4956（広大地補正率）×2,088m²（地積）
＝<u>93,133,152円</u>

＜広大地に該当しない場合＞

一方，評価対象地が広大地に該当しない場合で，その宅地に面する路線が2以上あるときは，奥行価格補正を行った結果最も大きい金額の路線が正面路線となる。

90,000円×0.87（奥行価格補正率）＝78,300円…ア
85,000円×0.94（奥行価格補正率）＝79,900円…イ
ア＜イ　∴正面路線価＝85,000円
評価対象地1m²当たりの評価額＝85,000円×0.94（奥行価格補正率）＋90,000円×0.87（奥行価格補正率）×0.03（側方路線影響加算率）＝82,249円
評価対象地の評価額＝82,249円×2,088m²（地積）＝<u>171,735,912円</u>

【事例５】 地積が500㎡未満の場合の広大地の適用

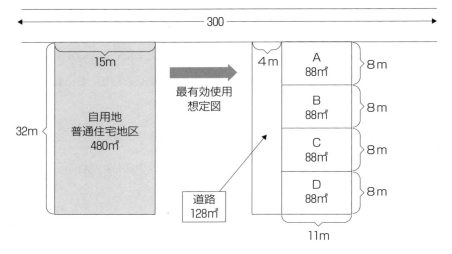

　三大都市圏の市街化区域における広大地の適用がある宅地の下限は原則として500㎡であるが，例えば上記のような事例（ミニ開発分譲の規制[4]がない地域に所在する宅地）においては，それを下回る地積であっても広大地評価の適用の余地がある。すなわち，評価対象地について最有効使用の状態を設定してみると，ミニ戸建の敷地を四区画とそこに通ずる道路を引くのが最適と考えられることから，公共公益的施設用地である道路用地（128㎡）が必要となるわけである。

　そのため，本件評価対象地については，以下のとおり広大地補正率の適用があるものと考えられる。

＜広大地補正率＞

$$0.6 - 0.05 \times \frac{480㎡}{1,000㎡} = 0.576$$

---

[4] 地方公共団体によっては，開発行為に関する指導要綱等において，住宅宅地の区画面積の標準面積（最低敷地面積150㎡以上など）を規定しているケースがある。

＜評価対象地の評価額＞

評価額＝300,000円（正面路線価）×0.576（広大地補正率）×480㎡（地積）
＝82,944,000円

(5) 広大地評価をめぐる問題点

　近年相続税の申告を行った者に対し，広大地の評価減の適用を受ければ相続税額が減少するので，申告内容を確認させてほしい旨を働きかける税理士が増加しているということを耳にする。これは，相続税においては取得財産の「時価」が課税価格を決定するが，その「時価」の算定が一義的に決められないケースが多いため生じる現象である。特に広大地の評価については，平成16年に納税者が簡便的な算式により算出できるようすることを目的に財産評価基本通達の改正（評基通24-4）がなされたこと（前述(2)参照）を契機に，大幅な評価減を受けるため適用事例が増加しているところである。

　ただ一方で，広大地の適用が否認される事例も相次いでおり，それを不服として納税者が審査請求を行った結果，以下のように国税不服審判所で課税処分の全部又は一部が取り消された事例も頻発している。

○近年の広大地の評価をめぐる裁決事例（公開裁決のみ）

裁決事例集（期間）	広大地の評価に関する件数	うち処分が全部又は一部取り消されたもの
No.93（平成25年10月～12月）	0件	全部：0件／一部0件
No.92（平成25年7月～9月）	0件	全部：0件／一部0件
No.91（平成25年4月～6月）	0件	全部：0件／一部0件
No.90（平成25年1月～3月）	0件	全部：0件／一部0件
No.89（平成24年10月～12月）	0件	全部：0件／一部0件
No.88（平成24年7月～9月）	2件	全部：1件／一部1件
No.87（平成24年4月～6月）	0件	全部：0件／一部0件
No.86（平成24年1月～3月）	0件	全部：0件／一部0件
No.85（平成23年10月～12月）	2件	全部：0件／一部2件

No.84（平成23年7月〜9月）	1件	全部：0件／一部0件
No.83（平成23年4月〜6月）	3件	全部：1件／一部1件
No.82（平成23年1月〜3月）	0件	全部：0件／一部0件

　このように，広大地の評価の適用は通達制定者の意図（申告の簡便化）とは逆に混迷を極めており，適用の適否の要件を正確に判断することは税理士のような専門家にとっても容易ではない。そのため，当初申告では保守的に広大地の評価の適用を回避する申告も見られるところである。残念ながら，広大地の評価に関しては，実務が確立するまでもう少し時間がかかりそうである。

7　セットバックが必要な宅地の評価

(1)　セットバックの意義

　建築基準法では，幅員が4m以上ないと原則として「道路」とは認められない（建築基準法42①）。しかし，昭和25年の建築基準法施行前から存在する幅員4m未満の道路も，特定行政庁が指定したものについては，建築基準法上の「道路」とみなされる（みなし道路，建築基準法42②）。このような「みなし道路」に接する土地に建物を建築する場合には，道路の境界線を（中心線から2mまで）後退させてその幅員を広げる手法が採られるが，この敷地の後退部分を一般に「セットバック」という[5]。

(2)　セットバックの評価方法

　財産評価基本通達によれば，セットバックが必要な土地は，セットバックが必要ではないものとした場合の土地の評価額から，以下の算式により計算した割合を乗じて計算した金額を控除した価額により評価することとなる（評基通24-6）。

---

[5] 道路の片側ががけ地などの場合には，がけ地等の側の境界線から道側に4mの位置までセットバックする必要がある。

$$\frac{\text{将来，建物の建て替え時等に道路敷きとして提供しなければならない(セットバックすべき)部分の地積}}{\text{宅地の総地積}} \times 0.7$$

要するに，通達ではセットバックすべき部分の評価額は7割減額する（3割評価となる）という考え方を採っているということである。

(3) 具体的な評価事例

【事例1】 セットバックが必要な土地の評価（正面路線価250千円）

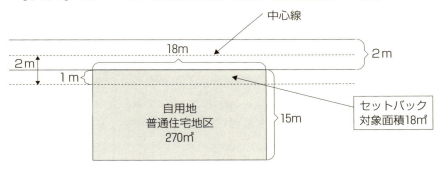

＜自用地の評価額＞

自用地評価額＝250,000円×1.00（奥行価格補正率）×270㎡＝67,500,000円

＜セットバック減価後の評価額＞

セットバックによる減価額＝67,500,000円×$\frac{18㎡}{270㎡}$×0.7＝3,150,000円

セットバック減価後の評価額＝67,500,000円－3,150,000円＝<u>64,350,000円</u>

なお，通達に基づく減額割合は7割ということで，特定の者の通行の用に供される私道の評価（評基通24）と同じであるが，金融機関の担保評価や不動産鑑定評価ではさらに低い金額となるという実態がある。そのため，正面路線価が高く，セットバック部分の地積が小さくない場合には，通達にはよらず不動産鑑定評価により申告するということも検討する余地があるだろう。

【事例２】セットバック済みの土地の評価
○自用地・普通住宅地区（270㎡）

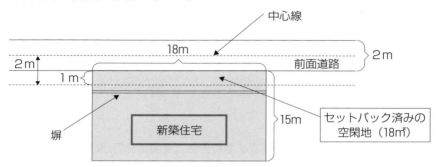

　自宅を新築する際，建築基準法に基づき道路に接する宅地を１m分セットバックし，その内側に塀を建てたため，セットバック部分については空閑地となっており，そこは前面道路の一部として不特定多数の者の通行の用に供されている。この場合，当該空閑地は３割評価となるのであろうか。なお，当該空閑地は分筆しておらず，建物の敷地部分と合わせて一筆の土地として登記されている。

　本件のセットバック済みの土地については，前面道路の一部として不特定多数の者の通行の用に供されていることから，私道としてゼロ評価するのが妥当と考えられる（評基通24）。

8　利用価値の著しく低下している宅地の評価

(1)　利用価値の著しく低下している宅地とは

　評価対象地が付近の宅地と比較してかなり異なる（劣悪な）状況にあるため，時価が著しく低下していると考えられるにもかかわらず，それが路線価に反映していないケースがみられる。具体的には以下のような宅地がその例である。
① 　道路より高い位置にある宅地又は低い位置にある宅地で，その付近にある

宅地に比べて著しく高低差のあるもの
② 地盤に甚だしい凹凸のある宅地
③ 震動の甚だしい宅地
④ ①から③までの宅地以外の宅地で，騒音，日照阻害（建築基準法第56条の2に定める日影時間を超える時間の日照阻害のあるものとする），臭気，忌み等により，その取引金額に影響を受けると認められるもの

(2) 利用価値の著しく低下している宅地の評価

このような宅地について，課税庁は評価のガイドラインを示している。すなわち，前掲(1)①～④のような宅地については，利用価値が付近にある他の宅地の利用状況からみて，著しく低下していると認められることから，実務上，その宅地について利用価値が低下していないものとして評価した場合の価額から，利用価値が低下していると認められる部分の面積に対応する価額に10％を乗じて計算した金額を控除した価額によって評価することが認められているのである（国税庁タックスアンサーNo.4617「利用価値の著しく低下している宅地の評価」）。当該取扱いは，財産評価基本通達第6項にいう「この通達の定めによって評価することが著しく不適当と認められる」ケースの一例と考えられる。

上記で示された方法を算式で示すと以下のとおりとなる。

○利用価値の著しく低下している宅地の評価に係る算式

$$\text{利用価値の著しく低下している宅地の評価額} = \text{利用価値の低下がないものとした場合の評価額（A）} - (A) \times \frac{\text{分母のうち利用価値が低下していると認められる部分の面積}}{\text{評価対象地の面積}} \times 10\%$$

なお，前掲(1)①～④は利用価値の著しく低下している宅地の例示であるため，それ以外の要因によって宅地の利用価値が著しく低下していると認められる場合には，同様に10％の評価減の適用があり得ることに留意すべきである。

さらに、10％評価減の適用があるのは「普通住宅地区」に所在する宅地に限定されるものではなく、その他の地区区分であっても適用の可能性はある。例えば、「普通商業・併用住宅地区」に関し10％評価減の適用があるとされた裁決事例として、普通商業・併用住宅地区に所在する宅地の前に歩道橋が設置されていることに伴い評価減が認められたものがある（国税不服審判所平成18年3月10日裁決・TAINS F0-3-163）。

(3) 裁決事例から見た利用価値の著しく低下している宅地の評価の留意点

利用価値の著しく低下している宅地の例示として掲げた(1)①〜④の各項目について、留意すべき事項は以下のとおりとなる。

＜①について＞

単に「道路より高い位置にある宅地又は低い位置にある宅地」というだけでは不十分で、「その付近にある宅地に比べて著しく高低差のあるもの」という要件を満たすことが必要である。一般に宅地は道路よりやや高い位置にあるものが最も利用価値が高いとされるため、道路から住宅の敷地まで相当の段差（概ね1m以上）があり、階段等を設置し昇降しないと辿り着けないといった状況がないと当該要件を満たさないものと考えられる。

裁決事例では、付近の土地と比較して1.2m〜2.9m程度の高低差がある宅地について、10％の減額評価の適用が認められたものがある（国税不服審判所平成18年5月8日裁決・裁事71号533頁、国税不服審判所平成19年4月23日裁決・TAINS F0-3-146参照）。一方、高低差が1.5m〜2.6mの店舗敷地について、高低差があることにつき付近の宅地の利用状況と比較して利用価値が低下しているとはいえず、評価減も認められないとされた事例がある（国税不服審判所平成18年3月10日裁決・TAINS F0-3-163）。居住用住宅と店舗とでは段差の意味合いが異なるということであろう。

＜②について＞

　地盤に甚だしい凹凸のある宅地の具体例として，裁決事例では，マンション敷地のうち北側の地盤（185.55㎡部分）に甚だしい凹凸があり利用価値が著しく低下している法面（のりめん）があることを根拠に，10％の減額評価が認められたものがある（国税不服審判所平成22年10月13日裁決・TAINS F0-3-252）。

＜③について＞

　鉄道路線沿いの宅地については，鉄道通行による震動の影響を既に加味した路線価の設定がなされているのが通例である。当然のことながら，路線価又は倍率が，利用価値の著しく低下している状況を既に考慮して付されている場合には，上記10％減額評価の適用はない（鉄道高架に接している土地について減額が認められなかった裁決例として，国税不服審判所平成22年3月25日裁決・TAINS F0-3-260参照）。

　この要件を満たすケースとしては，過去の裁決事例から例えば，新幹線のような高速鉄道の高架橋に隣接して，震動及び騒音が著しい宅地等を指すものと考えられる（国税不服審判所平成13年6月15日裁決・TAINS F0-3-212参照）。

＜④について＞

　「忌み」による評価減の事例として，元墓地であることに伴う10％の評価減が認められた裁決事例がある（国税不服審判所平成13年6月15日裁決・TAINS F0-3-212）。一方，「臭気」等による評価減が認められなかった事例として，流通業務地区内のごみ処理場跡地について，ごみが埋設されている地域であることは周知の事実となっており，その事情は路線価に反映されているため，10％の評価減が認められないとされた裁決事例がある（国税不服審判所平成23年4月12日裁決・TAINS F0-3-283）。

＜併用の可否＞

　①～④のうち複数の要件に当てはまる場合，10％の評価減を併用することが可能かどうかについては，裁決事例で，評価対象地が新幹線の高架線の敷地に隣接していること（③該当），元墓地であること（④該当）及び日照・眺望へ

の影響があること（④該当）から，各々10％の評価減（併用して計30％の評価減）が認められたものがある（国税不服審判所平成13年6月15日裁決・TAINS F0-3-212）。

(4) 宅地以外のケース

宅地比準方式によって評価する農地又は山林について，その農地又は山林を宅地に転用する場合において，造成費用を投下してもなお宅地としての利用価値が著しく低下していると認められる部分を有するものについても，同様に10％の評価減の適用があり得る。

(5) 通達に定めのない規定の適用の可否

利用価値の著しく低下している宅地の10％評価減は，法令上の規定ではなく，財産評価基本通達に規定されたものでもない。そのような規定を根拠に評価減を行って法的に問題ないのであろうか。この点について参考となる裁判例としては，評価対象地はそれと接する道路との高低差が約2mあることから，不動産鑑定評価に従い10％相当額を控除して評価することが相当であるとされたものがある（東京地裁平成9年5月29日判決・税資223号918頁）。したがって，利用価値の著しく低下している宅地の10％評価減という当該課税実務は，裁判所においても一応是認されているものと考えられる。

また，鉄道高架に隣接した土地の評価減について争われた裁決事例によれば，以下のように判断されている（国税不服審判所平成22年3月25日裁決・TAINS F0-3-260）。

「評価通達14は，路線価は，売買実例価額，公示価格〔地価公示法（昭和44年法律第49号）第6条《標準地の価格等の公示》の規定により公示された標準地の価格をいう。〕，不動産鑑定士等による鑑定評価額（不動産鑑定士又は不動産鑑定士補が国税局長の委嘱により鑑定評価した価額をいう。），精通者意見価格等を基として国税局長がその路線ごとに評定した1㎡当たりの価額とする旨定めている。また，公示価格は，一般の土地取引価額の指標となるものである

が(地価公示法第2条),路線価は,評価の安全性を考慮して,公示価格の8割程度の水準を目途として設定されている。

そうすると,土地の取引金額に影響を与えると認められる騒音,震動,日照阻害等の環境要因については,基本的には,路線価の評定の基となる上記各価格等に反映されていることから,路線価は,価額に影響を与える環境要因を加味した結果となるので,路線価により相続又は贈与等で取得した土地の価額を評価する場合には,画地条件等を評価通達の定めによりしんしゃくすれば足り,原則として,鉄道騒音や震動等をその土地の個別要因としてしんしゃくする必要はないと認められる。

この点について,<u>課税実務上は,普通住宅地区にある宅地で,①道路より高い位置にある宅地又は低い位置にある宅地で,その付近にある宅地に比べて著しく高低差のあるもの,②地盤に甚だしい凹凸のある宅地,③震動の甚だしい宅地,及び,④前記①から③までに掲げる宅地以外の宅地で,騒音,日照阻害,臭気等により,その取引価額に影響を受けると認められるもののように,その利用価値が付近にある他の宅地の利用状況からみて著しく低下していると認められるものの価額は,その宅地について利用価値が低下していないものとして評価した場合の価額から利用価値が低下していると認められる部分の面積に対応する価額に10%を乗じて計算した金額を控除した価額によって評価して差し支えない旨取り扱われている</u>(下線は筆者)。

この取扱いは,上記の①から④までのような状況にある宅地とそうでない宅地を比較して,そのような状況にある宅地の価値に減価が生じることを考慮する趣旨からして当審判所においても相当と認められるが,(中略),路線価には,基本的に,価額に影響を与える環境要因は加味されており,原則として,鉄道騒音等をその土地の個別要因としてしんしゃくする必要はないことからすれば,この取扱いは,騒音等によって,その土地の利用価値を低下させる程度が付近の宅地に比べて著しい場合で,取引価額に影響を与えていることが明らかであると認められるときに限り,適用が認められるべきである。」

上記裁決文中の下線部は,国税庁タックスアンサーNo.4617「利用価値の著

しく低下している宅地の評価」と同じ文言を使用しており、租税法律主義の観点からは疑問が全くないとはいえないものの、少なくとも課税実務上は当該規定により評価減の可否を判定することには一定の合理性が認められるということになりそうである。

9　土壌汚染地の評価

(1)　土壌汚染地評価の意義

近年環境問題への関心の高まりから、戦後の高度成長期に工場用地であった土地を宅地転換する際、その汚染の状況に見合った評価方法が模索されているところである。すなわち、企業の工場跡地の再開発等に伴い、重金属等の有害物質による土壌汚染が判明するケースが生じているが、それによる人の健康への悪影響への対策等を盛り込んだ土地汚染対策法が平成15年2月15日に施行されている。

そのような背景の下、まず「不動産鑑定評価基準」が改正され、平成15年1月1日に施行されている。当該改正により、不動産の鑑定評価に当たっては土壌汚染の状況を考慮すべきということが明らかになった。しかし、その具体的な方法は明示されなかったため、相続税評価において、土壌汚染の状況に見合った土地の評価方法を明確化することが求められていた。

(2)　土壌汚染地の評価方法

そのため、国税庁は相続税等の課税に関し土壌汚染地の評価方法を示す目的で、平成16年7月5日付で「土地汚染地の評価等の考え方について（情報）」という資産評価企画官情報を発遣している。それによれば、土壌汚染地の評価方法として原価方式、比較方式及び収益還元方式の三方式が考えられるが、そのうち「原価方式」が現時点で最も客観性の高い方式であるため、標準的な評価方法として採用すべきことが妥当としている。

原価方式による土壌汚染地の評価方法は以下のとおりである。

○原価方式による土壌汚染地の評価方法

| 土壌汚染地の評価額 | ＝ | 汚染がないとした場合の評価額 | － | 浄化・改善費用に相当する金額 | － | 使用収益制限による減価に相当する金額 | － | 心理的要因による減価に相当する金額 |

(3) 土壌汚染地評価上の留意点

① 汚染の状況

「資産評価企画官情報」によれば，相続税の評価上，評価対象地を土壌汚染地として評価できるのは，課税時期において評価対象地の土壌汚染の状況が判明している場合に限られる。したがって，かつて評価対象地に工場が立地していたため土壌汚染の潜在的可能性があるというだけでは土壌汚染地として評価することはできないこととなる。

② 浄化・改善費用

土壌汚染地の評価においては，「浄化・改善費用に相当する金額」を把握する必要がある。その費用は一律に定められているものでもないため，専門家による見積りが必要となる。実務上は，環境大臣が土壌汚染対策法に基づき指定する指定調査機関[6]（平成27年2月20日現在で699機関・844事業所）に見積りを依頼することとなる。

この場合，「汚染がないとした場合の評価額」が相続税評価額に合わせ地価公示価格レベルの80％相当額となることから，そこから控除する「浄化・改善費用に相当する金額」も上記見積額の80％相当額とするのが妥当ということになる。

6　環境省のHP（http://www.env.go.jp/water/dojo/kikan/）より検索できる。

なお，相続時点において浄化・改善費用が確定している（かつ未払いの）場合には，相続税法第14条の確定債務（控除すべき債務）として，課税価格から控除すべき債務として計上し，土壌汚染地の評価上控除しないこととなる。

③ 使用収益制限・心理的要因による減価に相当する金額

その他の減額要因である使用収益制限・心理的要因による減価に相当する金額については，いずれも確立した評価方法があるわけではないため，専門家による個別評価を採用せざるをないものと考えられる。

10 高圧線下の土地の評価

(1) 高圧線下の土地

電気事業者が電気を送電するために架設した電線（架空電線）が上空を通過する土地を一般に「高圧線下地」という。高圧線下地については，架空電線による物理的利用制限が生じるほか，心理的嫌悪感，騒音，電波障害，及びそれらの諸要因の複合的作用による市場性の減退が起こるため，通常の宅地の価額からそれらを総合的に勘案・考慮して減額した評価を行う必要がある。

○高圧線下地のイメージ

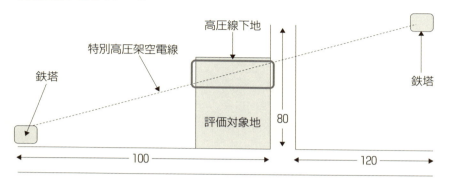

(2) 高圧線下の土地の評価

　特別高圧架空電線の架設がなされる場合には，空間について範囲を定めて区分地上権に準ずる権利（地役権）が設定され，当該地役権は建造物の設置を制限するものである。このような「区分地上権に準ずる地役権」は，そもそも区分地上権（民法269の2①）と同じ内容・効果を持つものであり，地役権設定に当たり支払われる補償金も，区分地上権の場合と同様に，承役地の価額に土地利用制限率を基とした割合を乗じて算定されるのが実情である[7]。

　そのため，財産評価基本通達では，区分地上権に準ずる地役権の価額は，その区分地上権に準ずる地役権の目的となっている承役地である宅地の自用地としての価額に，その区分地上権に準ずる地役権の設定契約の内容に応じた土地利用制限率を基とした割合を乗じて計算した金額によって評価することとしている（評基通27−5）。

　これを算式で示すと以下のとおりとなる。

> 区分地上権に準ずる地役権の評価額＝自用地の価額 × 区分地上権に準ずる地役権の割合

7　谷口前掲注1書228頁。

上記算式中の「区分地上権に準ずる地役権の割合」とは、以下の区分による割合とされる。

① 家屋の建築が全くできない場合

「100分の50」又は「その区分地上権に準ずる地役権が借地権であるとした場合にその承役地に適用される借地権割合」のいずれか高い割合

要するに、この場合最低でも50％の減額評価となるという意味である。

② 家屋の構造，用途等に制限を受ける場合

100分の30

これは，通達で地下鉄等のトンネルの所有を目的とする区分地上権（民法269の2①）の割合が30％とされていること（評基通27－4）との均衡に配慮したものであると考えられる[8]。

【事例1】家屋の建築ができない土地の評価

評価対象地の上空に特別高圧架空電線の架設がなされており，その土地全部について家屋の建築ができない場合，評価額は以下のとおりとなる。

- 評価対象地の自用地の価額：3,000万円
- 借地権割合：40％

＜区分地上権に準ずる地役権の割合＞

40％（借地権割合）＜50％　∴50％

＜評価対象地の価額＞

評価対象地の価額＝3,000万円×（1－50％）＝1,500万円

---

[8] 谷口前掲注1書229頁。

10 高圧線下の土地の評価

【事例2】 土地の一部に利用制限がかかっている場合

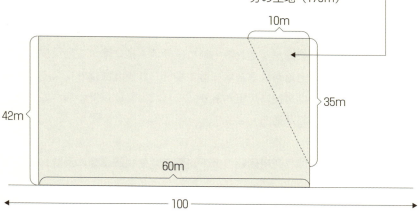

- 広大地該当・自用地・普通住宅地区・2,520㎡（地積）
- 借地権割合D（60%）
- 敷地の一部（175㎡）が特別高圧線下地であることにより，建物等の建築が禁止されている

＜広大地の評価＞

自用地の評価額
$= 100,000$円（正面路線価）$\times (0.6 - 0.05 \times \frac{2,520㎡}{1,000㎡}) \times 2,520㎡$（地積）
$= 119,448,000$円

＜区分地上権に準ずる地役権の評価額＞

119,448,000円（自用地価額）×60%（区分地上権に準ずる地役権の割合・借地権割合（60%＞50%））$\times \frac{175㎡}{2,520㎡} = 4,977,000$円

土地の一部に利用制限がかかっている場合，区分地上権に準ずる地役権の評価に関しては，利用制限の及ぶ範囲のみ減額評価の対象となることに留意する

(国税不服審判所平成24年3月6日裁決・TAINS F0-3-336参照)。

<区分地上権に準ずる地役権の目的となっている評価対象地の価額>

評価対象地の価額＝119,448,000円－4,977,000円＝114,471,000円

(3) 評価対象地が倍率地域に存する場合

特別高圧架空電線の架設がなされる宅地に区分地上権に準ずる地役権が設定されており、かつその宅地が倍率地域にある場合、評価方法はどうなるのであろうか。これについては通達に規定があり、それによれば以下の二つのケースにより異なってくる（評基通25－2）。

① 高圧線の架設に伴う利用価値の低下が固定資産税評価額に反映している場合

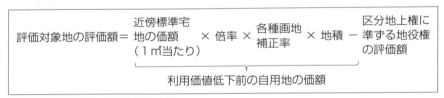

高圧線の架設に伴う利用価値の低下が既に固定資産税評価額に反映している場合、当該固定資産税評価額に倍率を乗じた金額を自用地価額としてそこから区分地上権に準ずる地役権の評価額を控除すると、価値の低下相当額の「二重控除」となるため、上記のように「利用価値低下前の自用地の価額」から区分地上権に準ずる地役権の評価額を控除する[9]。

---

9 谷口前掲注1書194～195頁。

② 高圧線の架設に伴う利用価値の低下が固定資産税評価額に反映していない場合

$$
評価対象地の評価額 = 固定資産税評価額 \times 倍率 - \begin{array}{l}区分地上権に準ずる\\地役権の評価額\end{array}
$$

①②共通で控除することとなる「区分地上権に準ずる地役権の評価額」は，前掲(2)で示した算式により評価する。なお，仮に利用価値の低下が固定資産税評価額に反映しているかどうかが明確ではない場合には，地元自治体の固定資産税担当部署に確認する必要があるだろう。

11 庭内神祠の敷地等である土地の評価

(1) 庭内神祠とは

庭内神祠（しんし）とは，一般に，屋敷内にある神の社（やしろ）や祠（ほこら）といったご神体（不動尊や地蔵尊など）を祀り，日常礼拝の用に供している施設をいう。相続税法上，庭内神祠そのものは墓所，霊廟及び祭具並びにこれらに準ずるもの（相法12①二），中でも「これらに準ずるもの」に該当し，非課税とされる（相基通12－2）。しかし，その敷地については実務上別個のものと取り扱われ，相続税の課税財産とされていた。

これは実務上，地域全体の信仰の対象として不動尊が相当以前から祀られている場合に，当該不動尊を祀る家屋のために敷地を提供している者は，通常は明渡し請求や地代の請求を行わないのが一般的であったため，私道の評価（評基通24）に準じて，自用地評価の60％相当額（平成10年12月31日以前，以後は30％相当額）で評価するというガイドライン[10]が課税庁から示されていたこと

10　東京国税局課税第一部資産課税課・資産評価官『質疑応答事例　財産評価審理上の留意点（不動尊等を祭る神社等の敷地の評価方法について）』（平成16年12月）参照。なお，当該質疑応答事例では，地域住民等が不動尊等に自由に参拝できるケースは私道に準じた評価（70％評価減）を行い，自由に参拝できないケースは自用地評価を行う（評価減なし）とされていた。

から，一応「定説」として尊重されていた。また，このガイドラインを基にした裁決事例も存在していた（国税不服審判所平成22年3月1日裁決・裁事79）。

○庭内神祠の敷地

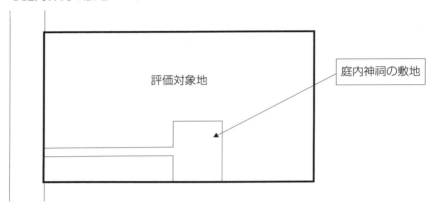

(2) 庭内神祠の敷地をめぐる裁判例

しかし，この取扱いに疑義を唱える訴訟が提起され，最高裁は庭内神祠の敷地は相続税法第12条第1項第2号にいう「これらに準ずるもの」に該当すると判示した（東京地裁平成24年6月21日判決・判時2231号20頁・確定）。すなわち，弁財天を祀っている祠及びその敷地は，その外形及び機能に鑑みると，社会通念上一体のものとして日常礼拝の対象とされているといっていい程度に密接不可分の関係にあるため，裁判所は，本件敷地は相続財産の非課税を定めた相続税法第12条第1項第2号にいう「これらに準ずるもの」に該当するとしたのである。

(3) 東京地裁判決後の取扱い

東京地裁の上記判決を受け，国税庁は平成24年7月に「情報（「庭内神し」の敷地等に係る相続税法第12条第1項第2号の相続税の非課税規定の取扱いの

変更について）」を発遣している。それによれば，
① 「庭内神し」の設備とその敷地，附属設備との位置関係やその設備の敷地への定着性その他それらの現況等といった外形，
② その設備及びその附属設備等の建立の経緯・目的，
③ 現在の礼拝の態様等も踏まえた上でのその設備及び附属設備等の機能
の面から，その設備と社会通念上一体の物として日常礼拝の対象とされているといってよい程度に密接不可分の関係にある相当範囲の敷地や附属設備である場合には，その敷地及び附属設備は，その設備と一体の物として相続税法第12条第1項第2号の相続税の非課税規定の適用対象となるものとして取り扱うことに改めたというものである。

当該変更後の取扱いは，既に相続税の申告において庭内神祠の敷地を私道に準ずるものとして評価した者に関しても適用がある旨上記「情報」では明らかにされており，更正の請求期限内であれば是正されることとなる。

なお，相続税法第12条第1項第2号の非課税規定は「相続財産」に関するものであるから，庭内神祠の敷地を贈与した場合には贈与税が課されることに留意すべきであろう（贈与税の非課税財産の規定に「墓所，霊びょう及び祭具並びにこれらに準ずるもの」は存在しない，相法21の3）。

12 埋蔵文化財のある土地の評価

(1) 埋蔵文化財のある土地

埋蔵文化財のある土地（埋蔵文化財包蔵地）として周知されている土地（周知の埋蔵文化財包蔵地）について宅地開発に係る土木工事等を行うときには，文化財保護法第93条に基づき，埋蔵文化財の発掘調査を行うことが必要となる。発掘調査となれば少なからぬ費用が生じ，その費用は原則として土地所有者の負担となるのであれば，その点が土地評価において考慮されてしかるべきこととなるだろう。

なお，評価対象地が埋蔵文化財包蔵地であるかどうかは，一般に，管轄の教育委員会の担当部署に問い合わせて確認することとなる。

(2) 埋蔵文化財包蔵地の評価

しかし，財産評価基本通達には埋蔵文化財包蔵地の評価方法の規定は存在しない。そのため実務上どのようにすべきか明確ではなかったが，最近出された裁決事例を根拠に評価減を行うのが一般的である。

その裁決事例（国税不服審判所平成20年9月25日裁決・裁事76集307頁）によれば，

ア．評価対象地に係る宅地開発における埋蔵文化財の発掘調査費用の負担が，その土地の時価（客観的交換価値）に重大な影響を及ぼす評価対象地固有の客観的な事情に該当すると認められること

イ．評価対象地の路線価・固定資産税評価額が，周知の埋蔵文化財包蔵地であることを考慮して評価されたものではないこと

という要件をいずれも満たす場合には，土壌汚染地の評価（前述9参照）に準じた評価方法を採ることが相当とされた。

これを算式で示すと以下のとおりとなる。

$$
評価対象地の評価額 = 埋蔵文化財包蔵地でないものとした場合の評価額 - 発掘調査費用に相当する金額
$$

この場合，控除の対象となる「発掘調査費用に相当する金額」は，「埋蔵文化財包蔵地でないものとした場合の評価額」が地価公示価格の80％相当額（相続税評価額）となることと合わせるため，発掘調査費用見積額の80％相当額となる。

【事例】国税不服審判所平成20年9月25日裁決事例の土地Aを基にしたもの

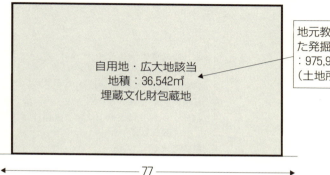

＜広大地補正率＞

地積が5,000㎡を超えているため，広大地補正率は下限の0.35が適用される。

＜控除される発掘費用＞

控除される発掘費用＝975,918,890円（発掘調査費用の概算額）×80％
　　　　　　　　　＝780,735,112円

＜評価額＞

評価額＝77,000円×0.35（広大地補正率）×36,542㎡（地積）－780,735,112円
　　　（控除される発掘費用）＝204,071,788円

索 引

あ行

- 遺贈……………………………23
- 一般定期借地権………………153
- 裏面路線………………………125
- 奥行価格補正…………………119
- 奥行価格補正率………………119
- 奥行距離………………………120
- 奥行距離平均法………………209
- 奥行長大補正…………………203
- 奥行長大補正率………………204

か行

- 家屋……………………………191
- がけ地…………………………216
- がけ地補正率表………………217
- 陰地割合………………………206
- がけ地割合……………………218
- 貸宅地…………………………141
- 貸家……………………145, 151
- 貸家建付借地権………………149
- 貸家建付地……………………145
- 貸家建付転借権………………167
- 課税価格………………………38
- 課税財産………………………31
- 角地……………………………121
- 仮路線価………………………115
- 基礎控除…………………………5
- 基礎控除額……………………39
- 客観的交換価額……………72, 82
- 教育資金の一括贈与に係る贈与税の非課税措置……………54
- 共同相続人……………………31
- 近似整形地基準評価法………210
- 近似整形地隣接整形地合成法…211
- 近傍地比準価額方式…………181
- 区分地上権……………………144
- 区分地上権に準ずる地役権…247
- 経済的利益……………………154
- 結婚・子育て資金の一括贈与に係る贈与税の非課税措置……57
- 原価方式………………………244
- 現地確認調査…………………99
- 建築中の家屋…………………193
- 高圧線下の土地………………246
- 公共公益的施設用地…………224
- 広大地………………………98, 224
- 広大地補正率…………………225
- 広大な市街地農地等…………175
- 国外財産…………………107, 196
- 国外財産調書制度……………29
- 固定資産税評価額………95, 134
- 個別評価申出書………………87
- ゴルフ場用地…………………183

さ行

- 財産債務調書…………………196
- 財産の所在地…………………108
- 財産評価………………………72
- 差額地代……………………155, 159
- 雑種地………………………149, 180
- 三方又は四方路線影響加算…128
- 死因贈与………………………24
- 時価……………………………82
- 市街地周辺農地………………171
- 市街地農地……………………172
- 事業用定期借地権等…………153
- 実地調査………………………13
- 私道……………………………221
- 借地権………………………141, 152

借地権割合·················147, 152
借家権······················150
借家権割合··················151
住所························30
終身定期金···················77
住宅取得等資金の贈与··········60
準角地······················122
純農地······················170
使用貸借····················151
自用転借権··················167
正面路線····················113
書面によらない贈与············52
書面による贈与···············52
制限納税義務者···············25
生産緑地····················177
税率構造·····················8
接道義務····················212
セットバック················236
造成中の宅地················136
相続························23
相続時精算課税制度············68
総則第6項···················84
贈与財産····················53
贈与税······················48
側方路線影響加算············121
側方路線影響加算率············121
租税回避行為·················27

た行

第二の基礎控除··············37
宅地比準方式················172
武富士事件················49, 107
立木⇒りゅうぼく
建物譲渡特約付借地権·········153
建物附属設備················194
タワーマンション·············140
地上権·····················143
地上権に準ずる権利···········188
地積························92

地積区分表··················206
地番·······················103
中央出版事件················28
中間農地····················170
直系尊属から受ける贈与········10
賃借権·····················186
賃貸割合·················147, 151
定期借地権···············145, 153
庭内神祠····················251
転借権·····················166
転貸借地権··················166
登記事項証明書··············103
登記情報····················102
登記情報提供サービス·········103
特定遺贈····················23
特定路線価··················115
土壌汚染地··················244
富の再分配機能················5

な行

二方路線影響加算············125
二方路線影響加算率··········125
日本国籍····················26
納税義務者················24, 49
農地························169

は行

倍率方式···········95, 134, 135, 173, 181
非課税財産················37, 54
非居住無制限納税義務者········25
評価単位····················93
費用現価···················136
不合理分割··················94
不整形地···················205
不整形地分割法··············208
不整形地補正率··············205
普通借地権··················152
邦貨換算···················199
包括遺贈····················23

包括的限定条項……………………… 86	無制限納税義務者……………………… 25
法定相続人の数……………………… 39	無道路地………………………………212
法定評価……………………………… 73	名義預金……………………………… 17
補完税………………………………… 48	

や行

保証金………………………………159	有期定期金…………………………… 74
	有効宅地化率…………………………225

ま行

	容積率…………………………………130

ら行

埋蔵文化財……………………………253	立木…………………………………… 81
埋蔵文化財包蔵地……………………254	利用価値の著しく低下している宅地……238
間口狭小補正…………………………202	累進課税……………………………… 7
間口狭小補正率………………………202	暦年課税……………………………… 67
マンション用地………………………137	連帯納付義務………………………… 31
みなし相続財産……………………… 32	路線…………………………………112
みなし贈与…………………………… 29	路線価…………………………… 95, 112
みなし贈与財産……………………… 61	路線価方式…………………………… 95
ミニゴルフ場用地……………………186	
未分割………………………………… 45	
無期定期金…………………………… 76	

【著者紹介】

安部　和彦（あんべ　かずひこ）

1990年東京大学文学部卒業後，国税庁入庁。調査査察部調査課，名古屋国税局調査部，関東甲信越国税局資産税課，国税庁資産税課係長を経て外資系会計事務所で国際税務に携わったのち，2006年安部和彦税理士事務所・和彩総合事務所開設，現在に至る。
2011年から国際医療福祉大学大学院医療経営管理分野准教授。
2014年　一橋大学大学院国際企業戦略研究科博士後期課程単位修得退学。博士（経営法）。

＜主な著書＞
相続税調査であわてない「名義」財産の税務（中央経済社・2014年）
Q&A医療法人の事業承継ガイドブック（清文社・2015年）
消費税の税率構造と仕入税額控除（白桃書房・2015年）
国際課税における税務調査対策（清文社・2014年）
消費税［個別対応方式・一括比例配分方式］有利選択の実務（清文社・2013年）
消費税の税務調査対策ケーススタディ（中央経済社・2013年）
修正申告と更正の請求の対応と実務（清文社・2013年）
医療・福祉施設における消費税の実務（清文社・2012年）
医療現場で知っておきたい税法の基礎知識（税務経理協会・2012年）
事例でわかる病医院の税務・経営Q&A（第2版）（税務経理協会・2012年）
［新版］税務調査と質問検査権の法知識Q&A（清文社・2012年）
税務調査事例からみる役員給与実務Q&A（清文社・2012年）

相続税調査であわてない

不動産評価の税務

2015年11月10日　第1版第1刷発行

　　　　著　者　安　部　和　彦
　　　　発行者　山　本　憲　央
　　　　発行所　㈱中央経済社
　　　　〒101-0051　東京都千代田区神田神保町1-31-2
　　　　　　　　電話　03（3293）3371（編集部）
　　　　　　　　　　　03（3293）3381（営業部）
　　　　　　　　http://www.chuokeizai.co.jp/
　　　　　　　　振替口座　00100-8-8432
　　　　　　　　印　刷／㈱堀内印刷所
　　　　　　　　製　本／㈱関川製本所

Ⓒ 2015
Printed in Japan

＊頁の「欠落」や「順序違い」などがありましたらお取り替えいたしますので小社営業部までご送付ください。（送料小社負担）
ISBN978-4-502-16601-3　C3034

JCOPY〈出版者著作権管理機構委託出版物〉本書を無断で複写複製（コピー）することは，著作権法上の例外を除き，禁じられています。本書をコピーされる場合は事前に出版者著作権管理機構（JCOPY）の許諾を受けてください。
JCOPY〈http://www.jcopy.or.jp　eメール：info@jcopy.or.jp　電話：03-3513-6969〉

税理士のための 相続税の実務Q&Aシリーズ

平成27年1月から適用された相続税率の引上げ・基礎控除の引下げによって、相続税増税時代が到来しました。課税対象の増加によって、当然のように、多くの税理士の方々が相続案件に触れる機会が増加することでしょう。

本シリーズでは、税理士が顧客からの質問・要望に的確に答えられるよう、基本的な疑問点から実務上問題になりやすい項目をQ&A方式で解説しています。

相続税・贈与税のアウトライン

田中 一【著】

相続の基礎／相続税の課税／相続税額の計算／税額控除／小規模宅地等についての相続税の課税価格の特例／贈与税／相続時精算課税／贈与税の特例／申告・納税／国外財産調書制度

小規模宅地等の特例

白井一馬【著】

総論／特定事業用宅地等／特定同族会社事業用宅地等／特定居住用宅地等／二世帯住宅／有料老人ホームへの入居／貸付事業用宅地等／申告要件等／小規模宅地特例活用のための発想法

土地等の評価

樋沢武司【著】

土地評価の基本／路線価方式と画地調整／倍率方式／個別事情による宅地評価／宅地の上に存する権利等／貸宅地・貸家建付地／農地・雑種地／広大地／家屋その他

株式の評価

税理士法人　日本税務総研【編著】

取引相場のない株式の評価明細書（評価上の株主の判定及び会社規模の判定他）／評価の方法と評価単位（相続税・贈与税と株式・出資の評価／上場株式／気配相場等のある株式他）

贈与税の各種特例

飯塚美幸【著】

贈与における実務ポイント／特定障害者に対する贈与税の非課税特例／配偶者控除特例／相続時精算課税贈与特例／直系尊属からの住宅取得資金贈与特例／教育資金贈与特例

事業承継対策

宮森俊樹・寺内正夫・矢野重明【著】

事業承継計画を進める手順／親族内の事業承継／親族外の事業承継／M&A／取引相場のない株式等の贈与税の納税猶予／取引相場のない株式等の相続税の納税猶予／事業承継と民法

●中央経済社●